자기조절력을 키우는

반응적 훈육

부모와 교사를 위한 행동지도 가이드북

김정미 저

A Responsive Teaching Approach to
Discipline and Behavioral Support

A Guide for Parents and Teacher

학지사

머리말

영유아에게 나타나는 행동 양상은 매우 다양하다. 그러나 때로는 발달 과정에서 지연이 나타나거나 행동이 또래와 다르고 사회적 통념과 상이하다는 이유로 이러한 행동을 '문제'로 기술하고, 그 행동을 개선해야 하는 행동 특성으로 묶어 버리는 경우도 상당하다. 사실 아동의 행동을 보면 성숙 측면에서 아직 사회화되지 않아 일반적으로 통용되는 사회 규범에 적합하지 않을 수 있다. 이것을 문제 행동이라 할 수 있을까?

최근 아동발달이론과 연구에서는 아동의 짜증 내기(tantruming), 다른 사람 때리기, 비명 지르기(screaming), 거부하기와 같은 행동은 사회-정서 행동 발달 면에서의 심각한 결함이나 결핍에서 온다고 설명하고 있다. 이러한 관점에 의하면, 공격 행동은 아동이 자신의 환경으로부터 배우는 것이 아니라, 사회-정서 발달의 중요한 중심축 행동(pivotal behavior)으로서 아동이 긴장된 감정과 공포를 해결하도록 돕는 자기조절 또는 대처기술을 발달시키지 못해서 나타나는 것이다. 실제로 모든 아동이 공포와 좌절을 겪지만, 이들 모두가 다른 사람에게 공격적으로 행동하지는 않는다. 아동은 자신의 분노와 좌절감을 다루는 데 필요한 자기조절 기술이 부족할 때 다른 사람을 향해 공격적으로 행동하기 때문이다.

우리는 사회적으로는 통념적 기준 그리고 통계적으로는 사회의 대다수에게 발견되지 않은 행동에 대해 문제 행동, 부적응 행동 또는 도전 행동이라고 구별하여 표현한다. 이와 같은 행동에 대한 설명으로 대표적인 '문제 행동' 개념에 대한 정의는 일상에서 사회적으로 받아들여지기 어려운 행동을 나타내고, 특히 교육이나 지식 습득을 얻는 데에 지장을 주는 행위라고 설명한다 (Bruininks, Woodcock, Weatherman, & Hill, 1996).

우리나라에서는 이와 같은 행동을 「장애인 등에 대한 특수교육법」(2007)에서 정서행동장애 분

류에 포함하고 있는데, 이는 아동이, ① 보편적인 기준에서 약간 벗어난다기보다는 심각하게 벗어나는 행동을 보이거나, ② 일시적이 아닌 만성적인 문제로 나타나는 행동을 보인다거나, ③ 사회적 또는 문화적인 기대에 준하여 수용할 수 없을 정도로 벗어나는 행동을 보이는 것을 의미하고 있다(이소현, 박은혜, 2024).

「문제 행동」 개념에서는 생물학적으로 체질, 유전, 질병이나 사고에 의한 뇌손상이나 두뇌의 기능 이상도 포함한다. 다만, 생물학적 요인만이 정서 및 행동장애를 일으키는 단일적 원인이라고 설명하는 데는 한계가 있다. 또 다른 요인으로서 환경적 측면에서는 부모의 양육방법 및 태도로 인한 영향이 있다. 부모 또는 기타 양육자의 부정적인 양육 방법 및 가정에서의 아동학대는 아동에게 장기적으로 신체적 · 정신적 측면에서 심각한 영향을 미침으로써 내재적 문제와 외현적 문제를 포함하는 다양한 유형의 정서 및 행동장애를 보일 위험을 지니게 된다.

물론 학교나 기관에서 교사의 개입도 중요한 영향을 미친다. 아동의 다양한 개별성에 대한 무시, 아동의 수행이나 발달에 비해 너무 높거나 또는 낮은 기대로 인한 수행의 실패, 명확하지 않은 규칙이나 기대, 일관성 없고 체벌적인 훈육 방법, 잘못된 행동은 관심을 받고 바람직한 행동은 무시되는 분위기 그리고 어른이나 또래의 잘못된 행동 모방이 문제 행동 발생의 요인이 될 수 있다(이소현, 박은혜, 2024).

그러나 어떠한 이유에서도 아동의 문제 행동은 개인적 성취나 사회적 기술 습득 면에서 바람직하지 않다. 따라서 바람직한 행동 방법을 습득하는 것은 중요한 절차이다. 「행동적 관점」에서는 오래도록 아이들에게 어른이 요구하는 행동을 행했을 때는 적절한 보상을 주고 그렇지 않을 경우에는 벌을 줌으로써 바람직한 행동을 습득하고 잘못된 행동을 제거하는 방식을 구상하였다. 하지만 이러한 접근은 아동의 동기를 고려하지 않았고 설사 아동이 어른의 요구에 따라 행동하였다 하더라도 능동적으로 문제 행동을 조절하고 효과적으로 일상에서 유지하고 일반화할 수 있는지에 대해서는 의문이 제기된다.

「반응성 교수(Responsive Teaching: RT)」에서는 행동 문제에 대해 무엇보다도 아동이 사회에 적응할 수 있는 방식으로 스스로 조절할 수 있어야 한다는 데 초점을 두고 자기조절력(Self

Regulation)을 강조한다(김정미 역, 2021; Mahoney & MacDonald, 2007). 자기조절력은 아동기에 야기되는 다양한 문제에 접근하는 핵심 요소이기 때문이다. 예를 들면, 좌절, 흥분, 분노와 같은 감정을 조절하거나 화가 나고 속상한 일이 있더라도 진정하고 갑작스러운 충동을 제어하는 능력은 이러한 문제 상황에 직면하게 되는 학교나 가정에서 부모나 교사의 개입 없이 스스로 의사결정하고 수행할 수 있도록 한다. 자기조절력의 성장 발달은 스트레스와 갈등을 관리하는 데 매우 필수적이며, 생물학적으로는 뇌의 전두엽이 발달하는 3~7세 사이에 시작된다.

「반응성 교수」에서는 아동의 행동 문제에 대한 궁극적 솔루션으로서 신뢰관계에서 시작하여 다양한 방법으로 자기조절력의 성장을 격려한다. Mahoney의 반응성 교수 이론에서는 자기조절력을 키우기 위해 신뢰관계, 감정이입과 타인이해 능력, 협력을 위한 구체적인 상호작용 전략을 구성하고 있다. 예를 들면, 아동의 발달적 기능 수준에 맞는 기대와 규칙을 가지고 일상에서 아동이 스스로 주도할 수 있는 기회를 자주 만들어 준다. 이때 아이들은 놀이에서 자신감을 가지며 기초적인 사회정서 역량(예: 짝과 나눠 놀기, 차례대로 이야기하기)을 체계적으로 습득해 간다(김정미 역, 2021; Mahoney & MacDonald, 2007).

저자는 문제 행동에 대한 궁극적 변화가 아동의 능동적 인식과 참여에 의한 자기조절력을 키우는 것이라는 데 깊이 동감하며, 반응적 교수 방법이 우리 아이들이 스스로 자신을 조절하고 사회적응적 능력을 키우는 데 가장 효율적임을 경험해 왔다. 그리고 본 서를 통해 일상적인 가정과 교육 현장에서 아동의 문제 행동이 되풀이되는 어려움을 겪는 부모나 교사들과 우리의 경험을 공유하고자 '반응적 훈육'을 기획하고 소개하게 되었다.

제1부 '반응적 훈육의 기초'에서는 문제 행동과 반응적 훈육에 대한 개괄적 이해를 소개하였다. 제2부 '반응적 훈육 방법'에서는 행동 형성과 유지 메커니즘, 반응적 훈육을 위한 실천 전략 그리고 반응적 교수이론을 기반으로 반응적 훈육 계획을 위한 구체적인 요소를 설명하였다. 제3부 '반응적 훈육 적용'은 워크북 형태로 설계하였는데, 반응적 훈육 방법을 단계별로 제시하여 실제 일상생활이나 교실 상황에서 부모나 교사가 쉽게 적용할 수 있도록 하였다.

차례

제2부 반응적 훈육 방법

제3부

반응적 훈육 적용

제1부

반응적 훈육의 기초

제1장 훈육 행동 이해하기

1. 훈육 행동이란
2. 문제 행동의 주요 유형
3. 영유아발달과 자기조절력의 관계
4. 반응적 훈육의 의미

제2장 반응적 훈육 이해하기

1. 반응적 훈육의 정의
2. 아동 행동 읽기
3. 반응적 훈육의 핵심 개념
4. 반응적 훈육의 전제조건
5. 반응적 훈육의 실행 기준

제1장

훈육 행동 이해하기

1. 훈육 행동이란

우리는 아동의 행동 중 일상을 방해하고 요구에 부합하지 않는 행동을 '문제'라고 표현하고 훈육하고자한다. 여기서 문제가 되는 행동이라 함은 매일의 일상 활동에서 사회적으로 받아들여지기 어려운 행위를 포함하여 교육과 지식을 얻는 데 지장을 주는 일체 행위를 의미한다(Bruininks, Woodcock, Weatherman, & Hill, 1996). 구체적으로, 주변의 환경에 적응하는 데 방해가 되며, 외부적인 스트레스를 해소할 수 없도록 방해하는 등 실생활에 큰 어려움을 야기하는 것을 말한다.

한편, 생의 초기에 나타나는 행동은 아동이 느끼는 두려움과 괴로움 그리고 불편함의 표현일 수 있다. 연령이 낮을수록 표현력에 한계가 있으므로, 자신이 느끼는 불편함의 표현은 다른 사람에게 상이하게 보일 수 있다. 따라서 아동의 이상 행동은 아동의 현재 연령 수준과 기능 수준에 맞추어 이해하고 아동의 상황에서 정확하게 파악하고 소통하려는 노력이 우선되어야 할 것이다.

우리는 아이들에게서 관찰되는 부적합한 행동들을 표현하는 것에 대해 이론적 의미와 정의를 다시 한번 생각해 보아야 한다.

1) 문제 행동

우리는 아동에게서 발견되는 훈육할 행동에 대해 '문제 행동(Problem Behavior)'이라는 용어를 가장 많이 사용하는 것 같다. 문제 행동이란 개인이 처해진 상황에서 보이는, 정서적으로 또는 대인관계에 있어서 적합하지 못한 부적절한 행동을 말한다. 즉, 자신이나 다른 사람에 대한 공격 행동, 물리적 환경이나 물건에 손상을 일으키는 행동, 새로운 기술 획득에 방해되는 행동으로서, 아동 자신을 사회로부터 고립시키는 모든 행동을 의미한다(이철, 2018).

아동의 문제 행동이란 부정적인 내적 · 외적 행동으로서 아동의 학습, 발달, 놀이 상호작용을 방해하면서 일상생활에서 실패를 경험할 수 있게 만드는 행동이며, 주변 사람에게 피해를 주는 행동 그리고 성인이 되어서도 문제를 일으킬 수 있는 행동이라 설명하기도 한다(류관열, 2014; 이찬숙, 이채호, 2009; Kaiser & Rasminsky, 2003).

Achenbach와 Edelbrock(1991)은 아동의 문제 행동을 내재화 문제 행동과 외현화 문제 행동으로 분류하여 설명하였다. 내재화 문제 행동은 개인이 생리적으로 느끼는 부정적인 감정이나 행동으로서 불안, 우울, 사회적 위축, 대인기피 등을 포함하며, 외현화 문제 행동은 개인이 사회 규범을 위반하는 비적응적 행동으로서 공격, 비행, 규칙 위반, 주의력결핍 과잉행동장애 등 어려움이나 갈등이 겉으로 드러나는 경향이 있다.

아동은 특정 의도를 가지고 행동을 추진한다. 아동의 행동에는 다 이유가 있다(Mahoney & Perales, 2019). 예를 들면, 관심을 끌기 위해 옆 친구를 때리고, 언어 능력이 부족하기에 자신을 표현하기 위한 방식으로서 소리를 지르고 물건을 던지기도 한다. 어쨌든 어떤 근거나 원인을 가지더라도 사회적으로 적응적이지 못한 행동은 아동이 현재 습득한 기술을 사용하지 못하게 하고 새로운 기술을 배우지 못하게 한다는 점에서 부정적 결과를 초래하고 어떤 형태로든 도움을 받는 것이 필수적이다.

2) 부적응 행동

부적응 행동(Maladaptive Behavior)은 사람들이 삶의 여러 측면에 적응하는 것을 방해하는 행동을 의미한다. 아동의 부적응 행동 유형 및 특성은 인지적 요인보다는 사회정서 요인으로 분류하는데, 공격 행동은 미성숙하면서도 내적으로 위축된 행동(예: 외톨이가 되고 함께 어울리지 못함) 또는 친구를 때리거나, 싸우기, 놀리기, 소리 지르기, 반항하기, 울기, 물건 파괴하기, 빼앗기 등의 행동으로 기술된다.
이와 같은 행동은 흔히 유아교육기관이나 학교와 같은 사회환경에서 친구들과 관계 맺기에 어려움을 겪고, 교실에서 과잉행동이나 주어진 규칙 수행에 어려움을 보이며 집단 활동에 적응하는 데 실패 양상으로 관찰될 수 있다(박주연, 윤명강, 2019).

많은 연구 결과에 따르면, 아동은 정신 질환으로 인해 부적응 행동을 보이거나 때로는 자신의 목표를 달성하는 도구적 기능으로 부적응 행동을 하기도 한다(Swerdlow et al., 2020). 예를 들면, 불안이 있는 아동은 두려운 사회적 상황을 회피하는 행동을 하고, 자폐스펙트럼 장애가 있는 아동은 싫다는 표현으로 소리를 지르거나 자신을 때리는 외현화 행동(outstanding)을 나타내기도 한다. 때로는 심리적 고통에 대한 대처 방법으로 폭식을 하거나 반대로 음식을 거부하는 왜곡된 식습관을 보이기도 한다(Rojahn & Meier, 2009).

3) 도전 행동

도전 행동(Challenging Behavior)이란 용어는 영국의 Kings Fund라는 공중보건 분야의 연구 중 학습장애와 발달장애가 있는 사람을 주제로 한 연구에서 처음으로 등장한 표현이다.

Gur(2016)는 도전 행동은 사회적으로 구성된 다양한 행동을 포함해 자신이나 타인에게 도전이 되는 행동을 포괄한 용어로서, 자신이나 타인에게 해를 끼치려는 행동, 대중이 불쾌하게 여기는 행동, 개인에게 도움과 보살핌을 제공하는 사람들에게 어려움을 주는 행동을 포함한다고 하였다. 도전 행동은 긍정적 행동지원의 개념으로서 문제 행동을 긍정적 시각에 입각하여 돌발적인 행동에 대해 적극적으로 해결하거나 새로운 방향을 모색하기 위한 의미로 설명하고 있다.

도전 행동이란 용어는 국내에서는 자신 혹은 타인의 신체적 안전을 심각하게 해하거나 지역사회 시설을 이용하는 데 심각한 제약을 주거나 접근을 불가능하게 하는 행동 또는 강도, 빈도, 기간 측면에서 자신이나 타인의 신체 안전을 심각하게 위험에 빠트리는 문화적으로 비정상적인 행동 혹은 지역사회의 시설을 정상적으로 이용하기 위한 접근을 심각하게 제한하거나 방해하는 행동으로 정의할 수 있다(이철, 2018). 이는 본인 혹은 다른 누군가에게 위협이나 해를 끼치는 행동을 말한다(Emerson & Einfeld, 2011). 그래서 우리나라에서는 도전 행동이라는 용어보다는 문제 행동이라는 용어가 더 널리 쓰이고 있지만, 외국의 경우는 문제 행동이라는 용어와 더불어 도전 행동이라는 용어를 더 빈번하게 사용하고 있다(손소이, 최예린, 2015; 정병종, 문장원, 2019).

[그림 1-1] 자극에 둔감한 아동은 자극 추구를 위해 과활동을 보인다.

4) 자기조절 결여

아동마다 발달 특성과 성향은 매우 다양하다. 따라서 반응성 교수이론(Mahoney & Perales, 2019)에서는 아이의 행동 양상은 발달적 특성과 생물학적 특성을 우선적으로 고려해야 한다고 본다. 예를 들면, 자폐스펙트럼 장애(Autism Spectrum Disorder)와 같이 까다로운 기질(difficult child)을 가지고 태어난 아이에게 발견되는 행동 문제는 그 원인이 발달적 · 생물학적 이유에 있음을 우선적으로 이해해야 한다.

Mash와 Wolfe(2019)의 보고에 의하면, 까다로운 기질을 타고난 아동의 경우 매우 활동적이어서 유아기와 초등학교 기간 동안 과잉행동과 높은 충동성을 나타냈으며, 감정 조절 능력은 낮은 수준이었다. 특히 아직 조절 능력 발달에 이르지 못하는 유아 시기(약 만 4세 이전)에는 반항적이고 공격적인 표현과 행동의 발현 위험이 높았다.

[그림 1-2] 고립 성향의 아동은 또래와 어울리는 것에 관심이 없다.

2. 문제 행동의 주요 유형

아동들이 보이는 행동 문제는 다양하지만, DSM-5 또는 정서행동장애 평가에서 설명하는 일반적으로 나타나는 문제 행동 유형을 정리하면 다음과 같다. 이와 같은 분류는 아동의 행동을 관찰, 이해하고 적절한 개별 전략을 세우는 데 도움이 된다 (Achenbach & Rescorla, 2001 ; American Psychiatric Association, 2013).

유형	설명	예시
공격행동 (Aggressive Behavior)	타인에게 신체적 또는 언어적 해를 끼치는 행동	때리기, 밀치기, 욕하기
파괴행동 (Destructive Behavior)	사물이나 공간에 피해를 주는 행동	장난감을 고의로 부수거나 망가뜨리기, 자신 또는 타인의 물건을 던지거나 찢기
반항행동 (Defiant Behavior)	지시에 무시하거나 고의적으로 따르지 않는 행동	"싫어!" 외치기, 도망가기, 고집 부리기, 규칙 거부하기, 협력 거부
주의산만/과잉행동 (Inattention/ Hyperactivity)	한 가지 활동에 집중하지 못하고 산만하거나 지나치게 활동적인 행동	가만히 있지 못하고 계속 움직이기, 끼어들기, 자리에서 자주 일어나기, 참견하기
퇴행행동 (Regressive Behavior)	나이에 맞지 않는 유아적 행동 반복	손가락 빨기, 아기 말투 사용, 분리불안, 의존적 태도
사회적 위축 (Social Withdrawal)	또래와의 어울리기를 꺼리고 혼자 있으려 함	말이 없고 활동에 소극적으로 참여, 쉽게 울기, 갑자기 소리 지르기
정서 조절 문제 (Emotional Dysregulation)	감정을 적절히 표현하거나 조절하지 못하는 행동	사소한 일에도 과하게 화를 내거나 울기, 감정을 표현하지 못하고 억눌렀다가 폭발하기, 갑자기 소리 지르기

이와 같은 행동 유형은 상황에 따라 다양하게 표현할 수 있다. 여러 이론을 근거로 분류하여 보면 다음과 같다(Achenbach, 1991; Ayres, 1972; Berk, 2013; Dunn, 1999; Ladd, 2005; O'Neill et al., 1997; Thomas & Chess, 1977; Walker, Ramsey, & Gresham, 2004).

1) 표현 양상에 따른 행동

유형	설명	예시
외현적 행동	바깥으로 드러나며 타인이나 환경에 영향을 줌	공격성, 반항, 산만
내면적 행동	감정 중심으로 내면화되어 잘 드러나지 않음	위축, 불안, 우울
상황적 행동	특정 상황, 환경에서 일시적으로 발생	낯선 환경에서 울기, 변화에 대한 저항

2) 기능적 목적에 따른 행동

유형	설명	예시
주의획득형	관심받기 위한 행동	소리 지르기, 거슬리는 말하기
회피/도피형	불쾌한 활동이나 사람 회피	과제 회피하기, 도망가기
감각추구형	감각자극을 위한 반복행동	손 흔들기, 빛 응시하기

3) 사회적 상호작용에 따른 행동

유형	설명	예시
사회적 공격	또래에게 해를 끼치는 행동	괴롭히기, 따돌림하기
사회적 위축	또래와의 상호작용 기피	혼자 있기, 대화 회피하기
관계 파괴형	규칙을 무시하거나 친구 간 갈등 유발	놀이 방해하기, 규칙 무시하기

4) 발달적합성 기준에 따른 행동

유형	설명	예시
발달 지연	발달수준에 맞지 않는 행동	또래에 비해 미성숙한 인지, 언어, 사회정서 행동
연령불일치	과도하게 유아적이거나 조숙한 행동	연령에 비해 어린 행동, 어른을 통제하는 행동

5) 발현시점에 따른 행동

유형	설명	예시
전이상황	활동전환이나 하던 것을 중지할 때 일어나는 행동	정리시간에 울기
특정 자극 제공	특정한 감각이나 환경 자극에 따른 반응	큰 소리에 숨기, 빛이나 냄새 회피, 소리 지르기, 청소기 소리에 귀 막기

3. 영유아발달과 자기조절력의 관계

1) 자기조절력이란

자기조절력(Self-Regulation)은 아동이 자신의 감정, 행동, 주의, 충동 등을 상황에 맞게 조절하고, 목표 달성을 위해 계획하고 반성하며 실행할 수 있는 능력이다. 생후 초기에는 외적 조절(부모, 교사)에 의해 형성되며 성장하면서 점차 내면화되어 자기 주도로 작동하게 된다(Barkley. 2011; Denham, 2006; Shanker, 2013; Vygotsky, 1978; Zimmerman, 2000).

자기조절력(Self-Regulation)은 자신의 감정, 행동, 주의를 상황에 맞게 조절하고 통제하는 능력이라고 했는데, 이는 단순한 통제가 아니라 인지적 · 감정적 조화를 이루는 능력이다. 즉, 감정, 행동, 사고, 욕구를 통제하고 조절하여 주의 집중, 충동 억제, 감정 조절, 목표 지향적 행동으로 표출된다. 특히 영유아기에는 감정 조절력 형성이 발달의 핵심 과제로 작용한다.

2) 자기조절력 발달 과정

자기조절 능력은 생후부터 아동기까지 지속적으로 성숙해 가는데, 대체로 만 3세부터 급격하게 발달하기 시작하여 만 6~7세 무렵에 중요한 전환점을 가지며 이후 보다 정교히 발달한다. 자기조절은 뇌의 전두엽 기능과 밀접한 관련이 있으며 선천적인 기질과 더불어 양육자와의 상호작용, 환경 자극을 통해 발달한다.

연령에 따른 아동의 자기조절 발달을 간단히 설명하면 다음과 같다.

〈표 1-1〉 연령에 따른 자기조절과 반응성 상호작용

연령	자기조절 발달 특징	반응성 상호작용 내용
0~12개월 영아기 초기	생리적 상태(수면, 배고픔 등)에 의존하며 외부(어른)에 의해 통제됨	민감하게 아기의 신호를 읽고 즉각적으로 반응하기 안정된 일과를 제공하며 아동의 안정된 정서 유지하기
12~24개월 영아기 후반	간단한 감정 표현이 가능하지만, 좌절 시 감정이 폭발하고 아직은 조절이 어려움	아동의 감정을 언어로 명명해 주기 아동이 할 수 있는 수준의 간단한 선택권 주기
만 2~3세 걸음마기	자기중심적이어서 자기의지가 강하고 충동 조절이 미숙함	간단한 규칙을 일관되게 제시하면서 아동의 감정 수용하기 아동이 쉽게 주의 전환할 수 있는 제안하기
만 3~5세 유아기	감정과 행동을 연결할 수 있고, 간단한 자기통제가 가능하지만, 충동 억제는 아직 미숙함 어른의 지도가 필요함	감정 표현 방법을 보여 주어 모델링하기 놀이 속에서 자기조절 연습의 기회 제공하기
만 7~8세 초등 저학년	규칙을 이해하고, 사회적 규범에 따라 자신의 감정과 행동을 조절하려는 시도가 늘어남 자기점검 능력이 향상됨	아동이 실수한 상황에서 비난 대신 긍정 수행에 대한 피드백 제공하기 자기조절 전략을 말로 설명하기
만 8~10세 초등학년	내면화된 자기조절 전략이 발달하며, 감정 조절뿐 아니라 학습과 과제 수행에서도 자기조절 능력이 뚜렷해짐 자기 동기화와 목표 지향적 행동이 가능해짐	자기목표를 설정하고 스스로 대처법을 선택하도록 질문하기

3) 뇌발달과 자기조절력 발달

인간의 뇌는 대뇌, 소뇌, 뇌간으로 구성되며, 그중 자기조절과 밀접한 부위는 대뇌의 '전전두엽'이다. 감정과 생존 반응을 담당하는 편도체와, 기억을 조율하는 해마 역시 자기조절에 중요한 역할을 한다.

아동이 스트레스를 느끼면 편도체가 활성화되어 강한 감정 반응이 일어난다. 이때 전전두엽이 충분히 발달하고 안정된 경험이 쌓여 있다면, 감정을 조절하고 행동을 선택할 수 있다. 하지만 미성숙하거나 위협적인 환경에서는 편도체가 주요하게 작용하게 되어 감정 중심으로 반응하게 된다(Maclean, 1973).

〈표 1-2〉 **뇌의 영역별 자기조절 역할**

뇌 영역	역할
전전두엽(Prefrontal Cortex)	충동 억제, 계획, 의사결정 등 고차원적 사고를 담당
편도체(Amygdala)	위협을 감지하고 감정 반응을 유발
해마(Hippocampus)	감정과 관련된 기억 형성

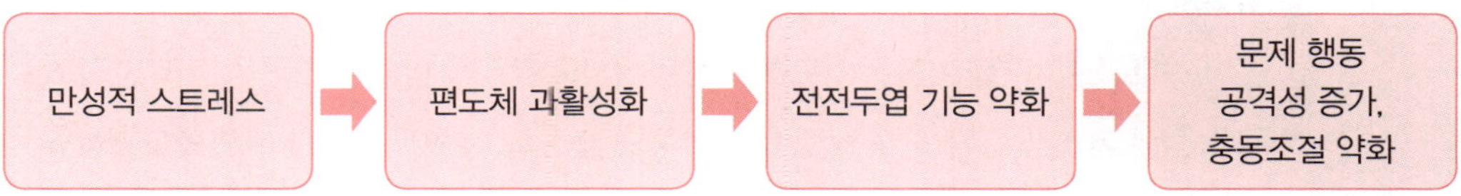

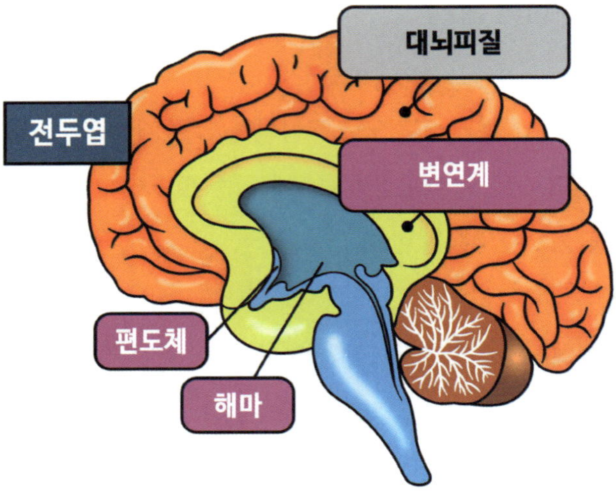

[그림 1-3] Maclean의 삼중뇌이론(출처: Maclean, 1973)

뇌의 전전두엽과 감정회로는 경험을 통해 계속해서 변화하고 성장하며 정서적 지지와 일관된 반응을 통해 발달한다. 따라서 훈육은 통제보다 아동을 이해하고 반응해 줌으로써 아동이 감정을 안전하게 표현하고 조절할 수 있는 기회를 많이 가지도록 구성되어야 한다.

반응성 상호작용 TIP

양육자의 반응성 상호작용과 일관된 애착 관계는 아동의 뇌 구조 형성에 긍정적 영향을 미친다. 특히 안정 애착은 스트레스 상황에서도 감정을 다루는 힘을 키우고, 자기조절 능력의 기초가 된다. 반응적 훈육은 아동의 감정과 행동에 민감하게 반응하면서도 일관된 지침을 제공하는 접근이다. 처벌보다는 이해와 조율을 중심에 두어, 자기조절 능력의 발달을 촉진한다. 아동은 '긍정적 경험'을 통해 '스스로 조절하는 법'을 배운다.

4. 반응적 훈육의 의미

1) 문제 행동의 부정적 의미

문제 행동은 교육 성취와 사회적 관계 형성 그리고 학교나 기관의 집단 활동에서 큰 방해가 된다. 예를 들면, 학교 환경에서 문제 행동을 보이는 아동으로 인해 교사가 그 아동에게만 온통 관심을 주어야 한다면, 상대적으로 다른 아동을 위한 상호작용 시간은 줄어들게 되며, 이는 아동 당사자의 교육은 물론이거니와 다른 아동의 교육 성취까지 방해하게 된다(Frimpong & Gyapong, 2021).

이와 같이 문제 행동은 다른 사람의 안녕을 방해하는 것은 물론 아동 개인의 성장에도 문제가 된다. 아동의 방해로 인해 공동체 안의 다른 아동의 교육권 역시 침해되며 더불어 공격적이면서 비협조적인 모습은 또래로부터의 거절(peer rejection) 경험을 겪으며 친구들과의 관계 형성과 또래사회의 적응을 더욱 어렵게 만들고, 인지학습 능력의 습득 기회를 저하시킨다. 또한 이러한 문제는 현재뿐 아니라 향후 성취에도 영향을 주게 되므로 아동의 행동 문제는 조직적인 개입 계획이 필요하다.

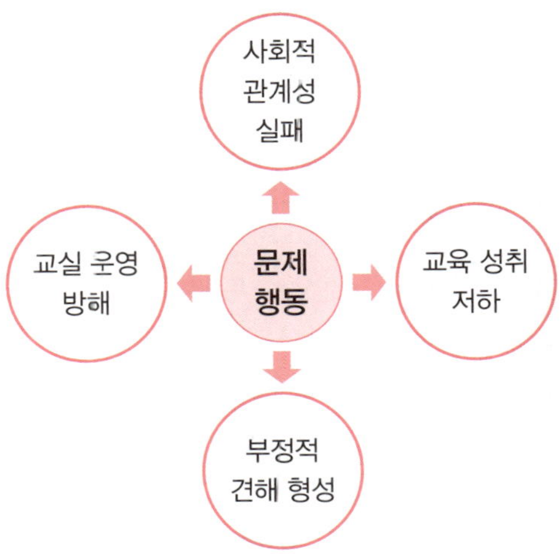

[그림 1-4] 문제 행동의 부정적 의미

2) 반응적 훈육의 필요성

문제 행동 지도는 영유아의 적응적 인격 형성이 목적이다. 이를 위해서는 아동과 신뢰관계를 유지하며 아동이 자신의 정서를 조절하고 적합한 대처능력을 키우는 것이 중요하다. 반응적 훈육은 문제 행동을 멈추는 그 자체에 초점을 두지 않고 관계를 해치지 않으면서 행동의 궁극적인 변화를 목표로 한다. 반응적 훈육의 필요성을 요약하면 다음과 같다.

• **자기조절력을 키운다**

반응적 훈육은 단순히 '벌'이 아닌, 감정과 행동을 조절하는 방법을 배우는 과정이다. 반복적인 반응적 훈육을 통해 아동은 내적 기준(규칙, 양심, 공감)을 형성해 간다(Denham, 2006; Shanker, 2013; Vygotsky, 1978).

• **사회적 규범과 경계를 인식하도록 한다**

아동은 성장하면서 사회적 기대와 타인에 대한 이해도 발달되어야 한다. 반응적 훈육은 '무엇이 허용되고, 허용되지 않는가'에 대한 명확한 기준을 세워 주는 역할을 한다(Baumrind, 1971).

• **일관된 훈육은 아동에게 정서적 안정감을 준다**

규칙이 없거나 일관되지 않으면 아동은 혼란을 느끼고 불안을 경험하게 된다. 아동의 연령과 발달수준에서 가능한 수행의 한계를 주는 것은 아동에게 안정감을 준다(Bowlby,1963). 반응적 훈육은 아동과 신뢰관계를 유지하면서 행동변화에 중점을 둠으로써 신뢰감과 안정감을 유지시킨다.

• **자율성과 책임감을 키우는 기반이 된다**

반응적 훈육은 능동적인 자기조절 과정을 목표로 하기 때문에, 아동은 자신의 의사결정 과정을 거쳐 결과에 대한 책임을 배우며, 내가 선택한 행동의 결과를 인식하는 힘을 기르게 된다.

[생각해 보기]

교육을 위해 벌은 필요한가

교육을 위해 벌은 필요한가, 아니면 벌은 교육의 포기인가

벌은 일시적으로 행동의 제거를 기대할 때 사용하며 효과적이라고 오해하기도 한다. 그러나 어떻게 하는 것이 바람직한지에 대한 행동 제시가 없으며, 오히려 부적응적인 반응에 대한 잘못된 모방 학습의 기회가 될 수 있다.

교육의 효과는 스스로 이루어지는 능동적 의사결정과 수행이라는 '일반화' 면에서 따져 보아야 한다. 가르친 것이 누구에게나, 어디에서나 누구의 개입없이 지속적으로 관찰될 때 비로소 진정한 학습이 이루어진 것이라 할 수 있다. 이러한 측면에서 본다면 벌의 교육적 효과는 실패라 할 수 있다.

올바른 행동의 변화는 스스로 행동을 인식하고 조절할 때 실현된다.

제2장

반응적 훈육 이해하기

1. 반응적 훈육의 정의

아동이 짜증(tantruming)을 나고 물건을 던지거나 비명(screaming)을 지르고 때로는 어른의 지시를 무시(noncompliance)하는 비협력적인 행동을 보일 때가 있다.

반응성 교수 관점에서는 아동의 이와 같은 비협력적 행동에 대해 아동이 감정과 요구를 표현하는 능력에 한계가 있고, 사회인지 발달의 미숙으로 상대를 인식하고 이해하는 능력이 부족하여 나타나는 것으로 본다. 예를 들면, 공격적 행동은 어린 아동의 경우, 자신의 환경으로부터 겪는 긴장된 감정과 공포를 해결하는 자기조절 또는 대처기술이 미성숙하여 정서조절에 필요한 인지, 언어 또는 사회-정서 능력이 발달하지 못해 나타나는 것으로 본다(김정미 역, 2021; Mahoney & MacDonald, 2007).

모든 아동은 공포와 좌절을 겪지만, 모든 아동이 다른 사람에게 공격적으로 행동하지는 않는다. 자신의 분노와 좌절감을 다루는 데 필요한 자기조절 기술이 부족할 때 다른 사람을 향해 자신을 표현하는 것이 공격적으로 해석되는 것이다.

Mahoney(Mahoney & Perales, 2019)의 반응적 교수(Responsive Teaching)이론에 따르면, 문제 행동의 해결을 위하서는 자신의 생각, 감정, 행동을 통제하는 능력인 자기조절 능력을 기르는 것이 핵심이다. 감정을 다루는 정서 조절(Emotion-Regulation)은 정서적 적응 기능을 촉진하고 긍정적, 부정적, 중립적 기분 상태 사이에서 유지되는 균형을 찾거나 제어하는 과정이다(Cole & Hall, 2008).

자신의 감정을 조절하고 부정적인 기분 상태를 관리하는 방법은 아동에 따라 다양하다. 예를 들면, 좋아하는 친구와 함께 놀이하는 데 성공하지 못할 때 어떤 아이는 울어 버리고 이러한 상실을 위로받고자 하지만, 어떤 아이는 잠시 울다가 함께 놀 다른 사람을 찾기도 한다. 이와 같이 자신의 부정적 감정을 조절하고 문제 행동을 예방할 수 있도록 하기 위해서는 바람직한 자기조절 능력을 키우는 것이 매우 중요하다(Dagne & Snyder, 2011; Durbin & Shafir, 2008).

2. 아동 행동 읽기

1) 아동의 행동 문제는 자기조절의 결핍에서 온다

자기조절력은 아동이 자신의 감정, 욕구, 충동, 행동을 조절하고 통제하는 능력이다. 화가 났을 때 바로 때리는 대신 말로 표현하거나, 하고 싶은 행동을 잠시 멈추고 기다릴 수 있는 능력이다.

어린아이가 울고, 소리 지르고, 친구를 밀치고, 지시를 따르지 않는 모습은 가정에서나 기관에서나 흔히 볼 수 있는 행동이다. 이러한 행동들에 대해 단순히 '우리 아이는 다루기가 힘들다' '말을 안 듣는다'는 식으로 판단하기 쉽지만, 사실은 자기조절력의 미성숙에서 기인하는 경우가 많다.

자기조절(Self-Regulation)은 행동 문제뿐 아니라 아이가 자란 후 겪게 되는 많은 인생 경험에도 도움이 된다. 예를 들면, 스트레스를 마주했을 때 수월하게 극복하기 위해서는 인지적 역량(interpersonal competencies)과 자기조절력이 필요하다(Deater-Deckard & Dodge, 1997; Maccoby & Martin, 1983; Martin & Ochsner, 2016; Perlman & Pelphrey, 2011).

화가 나면 때리거나, 원하는 것이 없으면 울고 떼쓰는 행동은 자기 감정과 욕구를 조절하는 능력이 충분히 자라지 않았다는 신호이다. 아동의 행동을 바라볼 때, '훈육의 대상'이 아닌 '발달의 과정'으로 이해하는 것이 중요하다.

반응성 상호작용 TIP

자기조절력을 키워 주기 위해서는 일관된 태도와 긍정적 반응을 바탕으로 하는 신뢰관계 형성을 우선으로 한다. 아동의 행동 문제는 처벌보다 이해와 수용을 통한 훈육 접근이 효과적이다. '외현적 행동'보다 그 이면의 우리 아이의 현재 기능 수준에서 이해하고, '조절력 부족'을 인지발달의 과정으로 바라보는 시선이 우리 아이의 성장을 돕는다.

2) 기질에 따른 반응 부조화는 문제 행동을 발생시킨다

모든 아이는 각기 다른 '기질'을 타고난다. 기질은 아이의 정서 반응성, 활동 수준, 감각 민감도, 적응 속도 등 반응의 방식을 결정짓는 타고난 특성이다. 그러나 이 기질이 주변 환경이나 양육자의 반응 방식과 조화롭지 않을 때, 아이는 지속적인 스트레스를 경험하며 문제 행동으로 이어질 수 있다.

Thomas와 Chess(1977)는 부모-아동 또는 아동-환경 간 상호작용에 부정적 영향을 미치는 기질의 행동 특성에 대해 두 유형으로 설명하고 있다. 하나는 까다로운 기질(difficult) 그리고 다른 하나는 더딘 기질(slow-to-warm-up)로서 아동의 활동 수준, 행동의 규칙성, 기분 혹은 리듬성, 접근-회피, 적응성, 반응의 역치, 반응의 강도, 기분의 질, 산만성, 주의집중 기간, 지속성을 포함하는 특정한 행동 요소에서 극단적인 성향을 드러낸다.

'까다로운' 기질의 아동(difficult child)(표본의 10~15%)은 자기조절에서 가장 큰 어려움을 보인다. 이러한 유형의 아동은 환경에 대한 반응 및 수면과 식습관, 일과에서 불규칙성, 불안 초조감과 까다로움을 나타내고, 반응성의 강도 수준이나, 새로운 사회적 상황에 적응과 대처가 느리고, 어려운 과제에 지속성이 낮게 나타나며, 까다로우면서도 과잉행동 양상을 보인다.

'더딘' 기질의 아동(slow-to-warm-up child)은 타인과의 접촉에 부끄럼이 많으며 불안하고 소심하여 가끔 자폐스펙트럼 장애로 오인되기도 한다. 또한 공포스러운 자극에 대해 극단적 표현을 하기 도 한다. 활동성이 낮은 아동은 우울하고, 동작이 굼뜨고, 때때로 발달이 지연된 것처럼 보이기도 한다.

하나 혹은 그 이상에서 과장된 기질적 특성을 나타내는 아동은, 특히 취학 전 사회관계에서 요구하는 연령에 적합한 기대에 부응하는 데 어려움을 나타낸다. 이러한 경우 새로운 상황이나 집단 상황에 빠르게 순응하고 적응하도록 강요하는 것은 아동에게 스트레스를 유발하여 극단적인 반응을 초래하게 된다.

예를 들면, 한 과제를 끝내기 위해 시간 제한을 할 때, 고립적 성향을 가지고 있고 시간 제한 내에 과제를 끝내기 어려운 아동인 경우, 자신이 다하기 전에 과제가 치워지면 심하게 떼를 쓰거나 불안을 보인다. 어른이 아동의 개인적 기질 특성에 적합하지 않은 요구를 한다면, 아동은 계속해서 실패를 경험하게 되고 다른 사람들로부터 거부되고 부정적 행동을 유발한다.

반응성 상호작용 TIP

느린 기질의 아이에게 즉각적인 반응을 촉구하거나, 감각에 민감한 아이에게 자극적인 환경을 제시하거나 드는 낯선 상황에 불안해하는 아이에게 '괜찮아, 괜찮아'라고 촉구하듯 반응하는 것은 아동의 현재 요구나 성향을 무시하는 반응이며 아이의 기질과는 부조화스러운 반응이다.

아동의 기질과 어른으로부터 받는 반응이 지속적으로 조화롭지 못할 때 아동은 조절 실패를 경험하게 되고, 결국 자기조절력 발달에 영향을 미치며 이후 행동 문제로 발전할 수 있다. 반응적 훈육은 아동이 가지고 있는 기질 또는 성향을 바꾸는 것이 아니라, 기질에 맞게 조화롭게 반응하여 스스로 조절력을 키우도록 한다.

3) 아동은 자극 선호에 따라 행동 양상이 달라진다

어떤 아이는 교실의 소음이나 빛, 사람 많은 환경에서 쉽게 흥분하고 산만해지며, 반대로 어떤 아이는 자극이 적은 환경에서는 쉽게 지루해하고 일부러 자극을 찾는 행동을 보인다. 아동이 자극에 과민한지 또는 둔감한지에 따라 아동의 행동 양상도 다르게 나타난다(Sussman, 1999).

자극에 과민감한(over-sensitive) 아동은 자극을 회피하게 된다. 예를 들면, 시현이는 에스컬레이터가 두려워 올라가지를 못하고 목욕할 때 머리에 물을 적시고 샴푸를 뿌려 비비는 것을 거부한다. 선우는 빛이 많은 장소를 두려워하고 엄마가 청소기를 돌릴 때 귀를 틀어막는다. 가희는 오이의 냄새를 매우 싫어하여 오이가 들어간 햄버거를 거부한다.

자극에 둔감한(under-sensitive) 아동은 자극을 추구하게 된다. 예를 들면, 연재는 무언가를 찾아 헤매듯 집 안을 돌아다닌다. 서준이는 자기 손을 앞뒤로 흔들며 쳐다보는 것을 즐기고 때때로 아빠가 이름을 부를 때 안 들리는 것처럼 외면한다. 허준이는 엄마의 머리카락 냄새를 즐긴다.

반응성 상호작용 TIP

수업 중 계속 움직이고 물건을 꺼내고 친구를 만지며 자극을 찾는 아이가 있다면 통념적으로 '산만하다'고 판단하고, 그 아이의 행동을 '필요'에 의한 목적적 행동이 아닌 그저 '문제'로 보기도 한다. 그러나 이러한 아동의 행동은 자극에 둔감하여 나타나는 과행동 양상이다.
따라서 자극에 둔감하여 자극 추구를 하는 아동은 '움직임이 허용되는 구조'를 제공하고 자극에 민감하여 회피로 나타나는 아동에겐 '예측 가능하고 안정된 공간'을 마련해 주어야 한다. 즉, 자극 욕구에 맞는 환경 조절이 바로 효과적인 행동 지도이다.

[그림 2-1] 과민감한 아동은 자극을 회피하기 위해 과소반응을 보인다.

3. 반응적 훈육의 핵심 개념

반응적 훈육의 궁극적 목표는 자기조절력 키우기이다. 자기조절력은 자신의 생각, 감정, 행동을 조절하는 능력으로서 자기조절을 통해 자신의 감정을 주도하고 스스로 책임질 수 있도록 한다.

아동은 자신이 했던 부적응 행동에 훈육을 받지만, 부모와의 관계는 해치지 않고 신뢰를 유지하여야 한다. 반응적 훈육은 문제 행동을 멈추는 그 자체에 초점을 두는 것이 아니라, 관계를 해치지 않으며 스스로 부정적 행동을 조절하는 능력을 키운다(김정미 역, 2021). 자기조절력 성장 단계별 요소를 정리하면 다음과 같다.

신뢰 형성	→	감정이입	→	자기조절	→	협력
양육자 · 교사와의 관계속에서 갖는 안전감과 온정적인 관계의 정도	→	다른 사람의 감정과 정서에 민감하고 다른 사람의 정서에 따라 자신의 정서를 바꿀 수 있는 정도	→	당황하거나 좌절될 때 스스로 가라앉힐 수 있는 정도	→	상대와 공동의 목표를 위해 규칙을 따르고 역할을 조율하며 서로 공동활동에 참여하는 능력

[그림 2-2] 자기조절력 성장 단계(김정미 역, 2021; Mahoney & MacDonald, 2007)

1) 신뢰로운 관계 형성

아동이 일차 양육자와 형성한 성공적인 신뢰관계는 아동초기 동안 여러 사회-정서 능력에 영향을 미친다. 아동의 애착 형성을 생후 첫 1년 동안 나타나는 '고정된' 특별한 연대감으로 정의하기에는 한계가 있어 보인다. 왜냐하면 대부분의 부모는 자녀와 상호작용하는 방식에 있어서 시간이 지나도 상당히 일관적인 경향이 있기 때문이다.

예를 들면, 생후 초기 동안 부모가 자녀와 애착을 촉진하기에 최적의 상태는 아니었지만, 아동이 2세가 될 때쯤에는 반응적이고 격려해 주는 관계를 형성하기도 한다. 어떤 사례에서는, 생후 1년 동안 아동의 애착을 촉진하기에 매우 적합한 부모-아동 관계를 가졌었지만 2년째와 그 이후 시기 동안 실질적으로 나빠지기도 한다. **아동의 사회-정서 능력은 첫 1년 동안 부모와 가졌던 관계의 질보다는 현재 부모와 갖는 관계의 질에 더 많은 영향을 받는다**(Kochanska, 1998).

반응적 훈육에서는 신뢰와 애착이 어떤 아동에게는 생의 초기 동안 지속적으로 관찰되어야 하는 발달의 중심축 행동(Pivotal Behaviors)[1]이라는 데 동의한다. 아동의 사회-정서 행동은 부모가 그 순간 아동과 관계 맺는 방식에 따라 영향을 받기 때문에(Kochanska, 1998), **부모나 교사가 아동과 반응적인 상호행동을 하는 데 필요한 충분한 물리적 · 심리적 자원을 갖추었을 때, 아동과 맺는 신뢰나 애착의 질이 높아질 수 있다.**

2) 감정이입과 공동주의

감정이입은 아동이 ① 다른 사람의 정서 반응이 무엇을 의미하는지 이해하고, ② 자신의 정서 상태를 상대에 맞추고, ③ 다양한 사람과 사건에 대해 정서적으로 반응하는 능력을 말한다(Kochanska et al., 2010).

자폐증과 같이 사회-정서 장애가 있는 아동은 능동적으로 상대와 눈맞춤하거나 얼굴을 마주 보며 하는 상호작용에 어려움을 가진다. 그 결과, 종종 부모와 타인의 정서 반응을 이해하는 데 실패하게 된다. 공동주의는 자신과 타인이 같은 정서를 느끼고 있다

1) 중심축 행동(Pivotal Behaviors): 아동의 발달과 학습의 기초가 되는 행동 목록들(Mahoney & Perals, 2019).

는 것을 알도록 하는 것이며, 이러한 과정을 통해 다른 사람의 정서를 이해하고 느낄 때 서로의 정보를 통합하여 자신의 행동을 그에 맞춰 조절할 수 있다(곽금주, 2018).

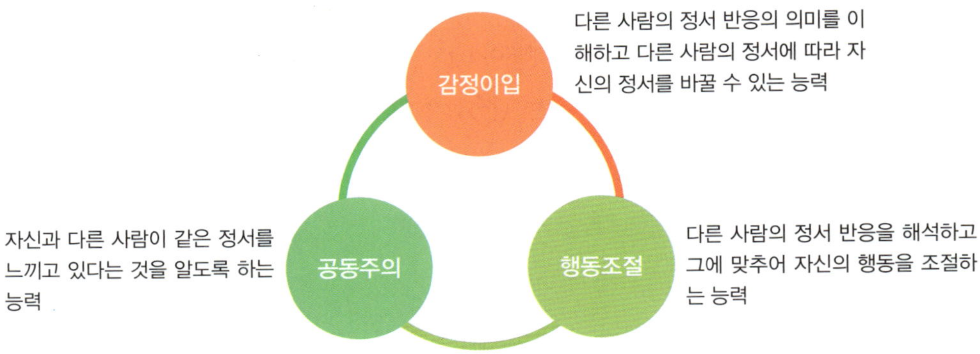

[그림 2-3] 공동주의와 감정이입

3) 협력과 조절

협력은 아동이 부모와 상호적으로 공동활동에 참여하는 능력을 말한다. 이는 아동이 다른 어른과 협력적인 에피소드를 반복하는 상호활동에 참여하면서 발달시키는 중요한 사회적 행동이다. 아동이 협력하지 못하거나 협력하기를 거부하는 것은 어른의 입장에서는 아동이 일부러 말을 듣지 않거나 반항하거나 고집 부리는 것으로 보이기 때문에, 어른과 아동 간의 갈등을 유발하는 주요인이 될 수 있다.

대부분 아동은 어른이 자신의 관심과 흥미에 매우 반응적일 때, 상대에게 관심을 가지게 되고 능동적으로 상호작용을 시도하며 상대가 요청하는 것에 쉽게 순응한다(van den Boom, 1995). 아동이 어른에게 협력하고 순응하는 정도는 아동의 생물학적 성향이나 발달적 미성숙(예: 자폐스펙트럼 장애) 그리고 어른이 아동과 어떻게 상호작용하며 아동의 흥미와 관심에 맞는 요구를 제시했는지 또는 발달수행 수준에 적합한 제안을 했는지에 따라 다르다. 만일 아동의 수행수준에 벗어난 요구였다면, 아동은 따를 수 없을 것이다.

4. 반응적 훈육의 전제조건

문제 행동에 대한 대처는 행동이 나타나는 횟수가 줄거나 제거되어 일상에 잘 적응하는 것을 목표로 한다. 반응적 훈육은 아동의 성향을 이해하고 인정하는 데서 시작한다. 그리고 아동이 스스로 행동과 감정을 조절하여 적응할 수 있는 능력을 키우는 데 초점을 둔다.

아동은 부모나 교사로부터 자신이 했던 부적응 행동에 대해 훈육을 받았지만, 여전히 평소와 같이 자신을 사랑하고 있다는 인식을 유지하도록 한다.

성공적인 훈육을 위해 고려해야 할 전제사항을 정리하면 다음과 같다(김정미 역, 2021; Mahoney & MacDonald, 2007).

1) 아동의 발달수준에 적합한 기대를 가졌는가

아동에게 무언가를 하거나 또는 하지 않도록 요청할 때, 아동의 조절(accommodation) 범위 내에 있는 행동으로 한정해야 한다. 아동은 자신의 조절 범위를 넘어서는 행동과 의사소통을 요구한다면 반응하기 어려울 것이다. 아동에게 주어지는 규칙과 기대가 현재 아동의 사회-정서 기능 수준에서 할 수 있는 것이라면 외현적 문제 행동을 나타내거나 부적응 행동을 할 가능성은 낮아질 것이다.

예를 들면, 산만한 아동에게는 주위 환경을 보다 간편하게 정리하여 아동의 산만성을 부추기지 않도록 할 수 있다. 만일 아동이 다른 아동보다 주의집중을 하지 못하고 그 상황에서 문제 행동을 일으킨다면, 아동이 수행할 만한 수준의 과제가 주어졌는지, 그 상황이 아동에게 흥미로운지, 또는 아동이 현재 상태가 어떠한지를 살피는 것이 우선되어야 한다.

2) 아동의 자기조절 발달에 대해 이해하는가

어린 아동은 자신의 분노를 통제하는 내적 전략이 없기 때문에 본능적으로 자신이 느끼는 방식대로(예: 울음, 짜증, 물거나 때리기, 물건 던지기 등) 반응한다. 아동이 반드시 어른보다 부정적인 감정을 더 많이 느끼는 것은 아니지만 자신의 정서를 다루는 다른 방법을 잘 모르기 때문에 어른보다 더 많이 울고 더 많이 외현적인 행동을 나타낸다.

아동은 자신의 정서에 대처하거나 조절할 수 있는 능력 범위를 넘어서는 스트레스나 좌절을 겪게 될 때 공격적으로 변하고 심한 짜증을 내게 된다. 아동은 자신의 스트레스에 대처하고 조절할 수 있는 효과적인 전략을 가지고 있지 않을 때 정서적인 폭발로 반응한다.

아동의 자기조절 능력은 대체로 만 3세부터 급격하게 발달하기 시작하여 점차적으로 자신의 정서적 반응에 대처하거나 조절하는 전략을 발달시켜 나가는데, 초등학교 입학 전후인 6~7세 무렵 중요한 전환점을 가지며 약 8~10세 정도에 보다 정교해진다.

반응성 상호작용 TIP

어떤 어른은 아동의 울음이나 공격적인 행동을 위협이나 처벌을 통해 억압함으로써 아동의 부정적인 반응을 다루려고 하며, 이것이 경우에 따라서는 효과가 있다고 생각한다. 이럴 경우 아동은 어른에게 느끼는 두려움으로 울음이나 외현적 행동을 드러내는 것을 참는 것을 배운 것이지, 이것이 자신을 자극하는 정서에 대처하는 법을 학습하였음을 의미하지는 않는다. 어른이 아동에게 울거나 외현적으로 표현하지 못하도록 강요하는 것은 아동이 자신의 감정을 다루는 법을 배우도록 하지 못하고 아동의 정서에 대한 증상에만 대처하는 것이다.

3) 아동의 생물학적 성향에 대해 이해하는가

아동의 행동을 좀 더 효과적으로 조정하기 위해서는 아동이 가장 잘 반응할 수 있는 방식에 맞추어 기대한다. 예를 들면, 만약 아동이 신체 활동을 좋아한다면, 어른은 아동이 조용하고 차분한 놀이보다 활동적인 놀이를 할 것임을 기대하고 일상적인 일과 속에서 신체적인 활동을 계획할 때 보다 성공적으로 아동과 상호작용하게 된다.

어른이 아동의 선호나 선천적인 성향과 반대되는 방식으로 아동이 행동하기를 기대한다면 아동의 집중과 협력을 기대하기는 어렵고 단지 아동과 어른 간의 갈등과 긴장을 높일 뿐이다.

4) 아동이 거부하는 것을 수용하는가

아동은 어른의 요구에 '거부하는 방식'으로 어른에 대한 자신의 의도를 전달하기도 한다. 대개 아동은 어른의 요구에 쉽게 따르지 않는 것 같다. 그러나 흔히 말을 안 듣고 어른의 의사에 반하여 투정을 하는 것에는 다 이유가 있다. 그 이유를 정리해 보면, ① 어른이 자신에게 하도록 요구하는 것이 너무 어렵거나, ② 아동에게 별 흥미가 없는 것이다. 아동이 어른의 말에 따르지 않을 때는 아동이 할 수 있는 것을 요구했는지부터 살펴볼 필요가 있다.

아동이 어른의 요구에 따르지 않는 것은 자신의 선택일 수 있다. 아동은 여러 사항 중 그렇게 하지 않기로 선택한 것일 수 있다. 협력을 수식으로 표현한다면 어른의 요구에 대한 아동의 반응 비율이다. 어른의 요구에 대한 아동의 반응은 하나인데 어른의 지시와 제안이 많다면 협력률은 낮아질 수밖에 없다.

$$\text{협력률(\%)}: \frac{\text{아동의 반응 수}}{\text{어른의 요구 수}} \times 100$$

따라서 아동의 현재 능력 수준과 흥미를 이해하고 반응해 준다면 아동의 협력을 보다 쉽게 이끌어 낼 수 있다. 어른이 아동의 제한 능력과 희망 사항을 알고 이에 반응해 줄수록, 아동의 즉각적 협력을 이끌 수 있다.

[그림 2-4] 아동의 두려움을 인정할 때 아동은 안정된 정서를 가질 수 있다.

5) 아동이 불안해하는 것을 이해하는가

어린 아동은 어른에게는 공포스럽게 보이지 않는 사람, 장소, 빛, 소리 등에 대해 두려움을 나타낸다. **아동이 느끼는 두려움은 다른 사람과 사건에 대한 이해가 제한되어 있기 때문에 나타나는 것이다.** 아동이 어떤 특정 장소 또는 대상에 대해 불안을 느끼고 무서워할 때, '괜찮아.'라고 무시하기보다 아동의 두려움을 받아들이고 반응해 준다. 예를 들면, 아동이 강아지를 보고 '무서워.'라고 표현한다면, 어른은 '무서워~'라고 반응하며 아동이 두려워하는 대상을 그대로 인정해 준다.

이러한 과정은 아동의 두려움을 조장하고 극복의 기회를 지연시키는 것이 아니라, 아동으로 하여금 자신의 행동에 대해 공감받고 이상한 것이 아니라는 생각을 가지도록 하며 스스로 안정된 정서를 찾을 수 있게 한다. **그리고 안정된 정서상태일 때 아동은 다음의 대처 능력을 고안하게 된다.**

5. 반응적 훈육의 실행 기준

반응적 훈육은 아동과 긍정적 관계를 유지하고 흥미와 관심에 일차적 초점을 두지만 그렇다고 해서 아동의 모든 것을 허용하는 것으로 인식되어서는 안 된다. 반응적 훈육은 아동 중심적인 상호작용을 중요시하지만 아동의 행동에 대해 즉각적 제한이 필요한 몇 가지의 기준이 있다.

1) 안전성을 해치는가

아동이 위험한 물건을 가지고 장난하는 것을 따라 하며 상호작용하지는 않는다.
아직 소근육이 발달하지 않은 어린아이가 날카로운 물건을 사용하는 것은 위험한 일이다. 또는 흔들거리는 책상 위에 올라간다거나 딱딱한 물건을 사람에게 던지는 행동은 안전을 해치는 일이므로 제지해야 한다.
그렇다면 볼풀장에서 볼풀 공을 던지고 노는 행동은 어떠한가?
지금 던지는 행동이 이후 아동에게 뭐든 던지는 행동으로 이어질 것이라고 생각해서 활동을 제지하는 것은 바람직하지 않다. 안전상 문제가 없는 놀이라면 그대로 인정해 주어야 한다. 아동은 자신이 하는 행동이 그대로 받아들여질 때 상대가 자신을 존중한다고 느끼고 그렇게 반응해 주는 상대에게 신뢰를 느낀다.

2) 사회 규범을 벗어나는가

아동이 행동 중 장난으로 엄마의 뺨을 때리거나 교실 바닥에 침을 뱉는다면 이것을 그대로 따라 하며 상호작용하지는 않는다.
가정 또는 사회에서 반드시 지켜야 할 규칙이나 규범이 있다. 수업 중에도 지켜야 할 규칙이 있다. 화가 난다고 어른을 때리거나 어른에게 물건을 던지는 등의 행동은 바람직하지 않다. 원인에 따라 다르겠지만, 다른 사람을 존중해야 한다는 기본 규칙에 어긋나는 행동은 단호하게 반응해 줄 필요가 있다. 아동은 만 3세가 지나면서 점차 사회적 인간으로 자란다. 아동은 사회에서 지켜야 할 규칙을 하나씩 배워 가며 사회적 관계를 형성한다.

3) 발달수준에 적합한 수행인가

아동의 행동은 발달연령과 발달수준에 따라 판단 기준이 달라져야 한다.

만 1세 된 아동이 손에 쥔 물건을 던지는 것을 보고 문제 행동이라 할 수 없을 것이다. 이는 무엇이든 손에 든 물건을 흔드는 발달적 행동의 하나이고 공격적 의미는 없기 때문이다. 그런데 "던지면 안 돼요, 살살 가지고 놀아야지요."라고 제지한다면 만 1세 수준에서는 상대가 자신의 놀이를 방해한다고 이해할 것이다. 그러나 만 5세 아동이 자신의 화난 마음을 표출하거나 상대를 공격하기 위해 물건을 던지는 것이라면 제지되어야 하는 행동이다. 이처럼 아동의 발달수준에 따라 행동에 대한 판단 기준이 달라져야 한다. **아동의 행동은 이유가 있다. 따라서 아동의 발달에 비추어 허용 가능한 행동인지 아닌지를 먼저 고려해야 한다.**

[그림 2-5] 아동의 행동은 발달수준에 따라 행동판단 기준이 다르다.

[생각해 보기]

아동의 행동은 문제인가, 발달에 적합한가

지수는 만 5세이며 자폐스펙트럼 장애가 있다. K-CDI 아동발달검사(김정미, 2021) 결과, 현재 언어발달은 18개월 수준이고 전체발달은 22개월 수준의 기능을 하고 있다. 10cm 길이의 막대기를 좋아하여 블록 안에 있는 10cm 길이의 막대기는 모두 가져와 흔들거나 바닥에 나열하며 많은 시간을 보낸다. 친구들이 블록으로 무엇을 만들고 있을 때 다가가지만 친구에게는 관심이 없고 자신이 좋아하는 막대기 모양의 블록만 가져온다. 이것이 때로는 친구가 만든 모형을 무너뜨리며 다른 아동의 활동을 방해하지만 별로 개의치 않는다. 친구들의 불평에 교사는 "지수야, 친구를 방해하면 안 되지?"라고 제지하며 지수가 친구의 놀이를 방해하는 행동을 수정하고 올바로 지도하고자 한다.

■ 지수의 행동은 문제인가?

- 현재의 행동이 아동의 안전 또는 안정을 해치는가? (예 □, 아니요 ☑)

- 사회 규범에 벗어나는 행동인가? (예 ☑, 아니요 □)

- 발달수준에 적합한가? (예 ☑, 아니요 □)

■ 설명:

자폐스펙트럼 장애의 특성은 타인 이해가 부족하며 아동의 발달연령(22개월)에서 볼 때 잘못된 수행이라기보다는 발달적으로 미성숙한 수행이다. 22개월의 영아는 자기중심적 판단기준을 가지고 자신이 원하는 것을 목표로 자율적 시도를 한다. 따라서 '친구의 놀이를 방해하는 행동'이라기보다 발달적으로 이해하고 현재 지수의 발달과 성향에 적합한 계획이 필요하다.

제2부

반응적 훈육 방법

제3장

행동 형성과 유지

1. 행동이 만들어지는 원리

행동적 관점(Skinner, 1958)에서는 행동과 그 뒤에 따라오는 자극 간의 연합을 강조한다. 어떤 행동은 그 행동 발생 뒤에 따라오는 반응이 그 행동을 유지하거나 제거하는 데 중요한 영향을 미치며, 행동 발생 후 뒤따라오는 자극이 즉각적으로 나타났을 때 둘 간의 연합이 일어나 그 행동은 의미를 가지고 발생하게 되는 것이다.

행동의 연합이 이루어지기 위해서는 자극과 반응 간의 시간적 간격이 중요한데, 교육학에서는 약 0.5초 이내라 말할 정도로 매우 빠른 연관을 말한다. 그만큼 자극과 반응 간의 연합이 의미 있는 연결을 만들기 위해서는 자극과 반응이 즉각적으로 주어져야 함을 강조하는 것이다. 따라서 아동이 일상에서 어떤 행동을 했을 때(behavior), 바로 뒤에 어떠한 반응(consequence)이 주어졌는지를 분석하는 것이 필요하다.

2. 행동을 증가시키는 법, 감소시키는 법

미국의 행동주의 학자 스키너(Skinner, 1958)는 어떤 자극 뒤에 따라오는 보상을 통해 바람직한 행동은 '강화'되고, 적절치 못한 행동은 '벌' 또는 무시를 통해 멈추게 할 수 있다고 보았다.

'강화'는 행동의 미래에 발생할 가능성을 더 늘리는 것이고 '벌'은 행동의 미래에 일어날 가능성을 줄이는 것이다. 먼저, 아동의 행동 뒤에 따라오는 반응이(주로 부모나 교사의 반응) 그 행동을 강화시키는지 혹은 벌로 작용하는지를 이해해야 한다.

강화와 벌은 모든 행동변화에 영향을 주지만 강화에 중점을 두고 사용하는 것이 더 바람직하다. 왜냐하면 벌은 상대가 문제 행동 대신에 어떻게 행동해야 하는지를 가르쳐 주지 않기 때문이다.

〈표 3-1〉 **조작방법과 기능에 따른 행동의 증가와 감소(홍준표, 2009)**

조작방법 \ 기능	행동증가	행동감소
자극 제공 (+)	정적강화	정적벌
자극 제거 (−)	부적강화	부적벌

1) 강화

강화란 바람직한 행동을 증가시키는 것을 말하며, 정적강화와 부적강화로 나뉜다. 정적강화(positive reinforcement)는 보상과 같은 자극을 부여(+)하여 특정 행동이 증가되는 것이고, 부적강화(negative reinforcement)는 자극을 회수(−)하여 행동이 증가하는 것을 뜻한다. 이들 개념에 대해 좀 더 자세히 살펴보면 다음과 같다(홍준표, 2009).

(1) 정적강화

정적강화란 행동 후에 즐거운 자극을 제공함으로써 그 행동의 발생 확률을 증가시키는 방법이다. 정적강화 자극이란 행동에 수반하여 제공(+)되는 후속자극 자체를 일컫는 것으로서 행동의 발생 확률을 증가시킬 수 있는 모든 후속자극(예: 사건, 일, 물건, 환경 변화 등)을 말한다.

예: 제시한 숙제를 다 마치면 스티커를 주어 숙제하는 행동을 증가시킨다.

> 정적강화를 정의하는 기준
>
> ① 조작적으로 자극은 시간적으로 행동이 먼저 발생하고 행동에 후속되어 제공(+)되어야 한다.
>
> ② 기능적으로 후속자극은 행동을 증가(+)시킬 정도여야 한다.

(2) 부적강화

부적강화란 행동 후에 불쾌한 자극을 제거 또는 회수(−)함으로써 그 행동의 발생 확률을 증가시키는 방법이다. 부적강화 자극이란 행동에 수반하여 제거 또는 회수(−)되는 후속자극 자체로서 행동의 발생 확률을 증가시킬 수 있는 모든 자극을 말한다.

예: 주어진 과제를 성실히 하는 학생에게 추가 연습을 하지 않도록 하여 과제 수행을 증가시킨다.

> 부적강화를 정의하는 기준
>
> ① 조작적으로 행동에 수반하여 특정 자극을 제거(-)한다. 부적이란 말은 자극을 제거하거나 회수(-)한다는 의미이다.
>
> ② 기능적으로 후속자극은 행동을 증가(+)시킬 수 있어야 한다. 이는 정적강화와 동일한 기능이다.

2) 벌

벌[1)]은 어떤 행동을 감소시키거나 제거하기 위한 목적으로 사용되는 기법이며, 정적벌과 부적벌로 구분할 수 있다(Balwin & Baldwin, 1981; Malott, General, & Snapper, 1973).

정적벌이나 부적벌 모두 행동을 감소 또는 중단시키는 기능을 하지만, 다른 점은 부적벌은 자극을 회수(-)하고 정적벌은 자극을 부여(+)한다는 것이다. 이들 개념에 대해 좀 더 자세히 살펴보면 다음과 같다(홍준표, 2009).

(1) 정적벌

정적벌은 바람직하지 않은 행동 후에 불쾌한 자극을 제공하여(+) 그 행동의 발생률을 감소(–) 또는 중단시키는 방법을 말한다. 정적벌 자극이란 행동에 수반하여 제공(+)되는 후속자극으로서 선행하는 행동의 발생 확률을 감소 내지 중단시킬 수 있는 모든 자극(사건, 대상, 일, 환경 변화 등)을 뜻한다.

예: 친구를 때렸을 때 꾸짖음으로써 공격 행동을 감소시킨다.

> 정적벌을 정의하는 기준
>
> **① 조작적으로 시간적으로 행동에 뒤따라 어떤 후속자극이 제공(+)되어야 한다.**
>
> **② 기능적으로 후속자극은 행동을 감소(-) 또는 중단시킬 수 있어야 한다.**

(2) 부적[2)]벌

부적벌은 바람직하지 않은 행동 후에 즐거운 자극을 제거 또는 회수(–)함으로써 그 행동의 발생 확률을 감소(–) 또는 중단시키는 방법을 말한다. 부적벌 자극이란 행동에

---

1) 벌과 부적강화를 혼동하는 일이 많은데, 두 방법의 공통점은 혐오자극이 관여된다는 것이다. 차이는 부적강화는 어떤 행동을 증가시키기 위한 목적으로 사용되며, 벌은 그 행동의 사용 빈도를 줄이거나 제거하려고 한다는 것이다.

2) 부적이라는 말은 어떤 자극을 제거하거나 회수(–)한다는 의미이지, 결코 행동이 부정적이라거나 행동의 감소나 제거에 부정적 영향을 미친다는 의미가 아니다.

수반하여 제거 또는 회수(-)되는 후속 자극으로서 행동의 발생 확률을 감소(-) 또는 중단할 수 있는 모든 자극을 일컫는 말이다.

예: 놀이 중에 다투어 동생 장난감을 던졌을 때 TV 시청을 금지하여 던지는 행동을 감소시킨다.

> 부적벌을 정의하는 기준
>
> **① 조작적으로 특정 자극을 회수(-)한다.**
>
> **② 기능적으로 후속 자극은 행동을 감소(-) 또는 중단시킬 수 있어야 한다.**

[생각해 보기]

아동 행동에 적절하게 반응하고 있는가

1. 자주 방을 어지르고 청소를 안 하는 아들에게 엄마는 “아들아, 방바닥에 옷을 내팽개쳐 두지 말고 옷장에 걸어 놓자.”라고 일러 주었다. 이후 아들은 자신의 외투를 옷걸이에 걸어 놓았지만 어머니의 지시가 없다면 간헐적으로 나타났다. 어머니의 지시는 정적강화 자극일까?

■ 관찰내용

선행 상황	아동 행동	어머니의 반응	효과
엄마는 아들에게 “아들아, 방바닥에 옷을 내팽개쳐 두지 말고 옷장에 걸어 놓자.”라고 제안한다.	옷을 옷걸이에 걸어 놓는다.	없음	간헐적으로 옷을 옷걸이에 걸어 놓는다.

■ 분석

옷걸이에 옷을 거는 행동은 증가(+)하였지만, 어머니의 지시는 시간적으로 행동 전에 제공되었고 아들이 옷을 정리하도록 유도하는 신호는 되지만 아동의 행동에 대한 보상이 아니므로 정적강화 자극은 아니다. 따라서 어머니의 지시는 정적강화의 효과가 아니라 통제적 지시의 역할이며, 이후 능동적인 아동 행동의 유지 지속성을 보장할 수 없다.

2. 시연이가 큰 소리로 책을 읽고 있다. 엄마는 기특하여 "우리 시연이가 책을 잘 읽는구나, 아이 착해라."라며 칭찬해 주었다. 시연이는 다음 날엔 큰 소리로 책을 읽지 않았다. 어머니의 칭찬은 정적강화 자극일까?

■ 관찰내용

선행 상황	아동 행동	어머니의 반응	효과
아동은 책을 가져와 엄마 곁에 앉는다.	큰 소리로 책을 읽는다.	책을 잘 읽는다고 칭찬한다.	책을 읽지 않는다.

■ 분석

어머니의 칭찬은 형식상 정적자극 형태이지만 결과적으로 행동빈도가 증가하지 않고 감소했으므로 어머니의 칭찬은 아동의 행동을 증가시키는 데 정적인 효과 자극이라 할 수 없다.

3. 민영이는 발달장애가 있는 만 5세 유아이다. 교사가 바깥놀이로 나가기 위해 아이들에게 현재 놀고 있는 장난감을 모두 정리하도록 요청하였다. 교사가 "얘들아, 지금 놀고 있는 장난감은 모두 정리하세요. 우리 바깥놀이 나갈 거예요."라고 지시하자 민영이는 교실 밖으로 뛰쳐나갔다. 교사는 민영이를 쫓아가서 '뛰는 행동은 위험하다'고 타이르고 손을 잡고 교실로 돌아왔다. 이러한 상황은 매일 교실에서 반복되었다. 교사의 반응은 적절하였는가?

■ 관찰내용

선행 상황	아동 행동	교사의 반응	효과
교사가 바깥놀이로 나가기 위해 아이들에게 현재 놀고 있는 장난감을 모두 정리하도록 요청한다.	아동은 장난감을 정리하지 않고, 교실 밖으로 뛰쳐나간다.	교사는 아동을 쫓아가서 타이르고 교실로 데리고 온다.	아동은 교사의 지시에 장난감을 정리하지 않고, 교실 밖으로 뛰쳐나가는 행동이 빈번해졌다.

■ 분석

장난감을 정리하는 행동은 줄어들고(-) 밖으로 뛰쳐나가는 행동은 증가(+)하였다. 아동을 쫓아가는 교사의 반응은 교실 밖으로 뛰쳐나감으로써 장난감 정리를 회피하는 부적절한 행동을 강화하고 오히려 교사가 따라와 줌으로써 교사의 주의와 관심이라는 또 다른 자극을 얻게 된다. 따라서 도피행동을 부적강화한 것이다.

4. 두 형제가 TV채널을 놓고 서로 다투었다. 어머니는 두 형제를 동등하게 20분간 거실 한 편에 손을 들고 서 있도록 하였다. 그리고 형제들에게 다시는 다투지 않고 사이좋게 지내도록 다짐을 받고 다시 놀이하도록 하였다. 형제들은 다툼을 멈추고 함께 놀이하였다. 그러나 이튿날 형제들은 놀이 중 또 다툼이 생기고 동생은 울음을 터트렸다. 어머니의 반응은 형제의 다툼 행동을 적절하게 감소시켰는가?

■ 관찰내용

선행 상황	아동 행동	교사의 반응	효과
TV를 보는 중 서로 선호하는 채널을 주장한다.	형제끼리 다투겄다.	엄마는 벽에 손들고 서 있도록 지시하고 이후 서로 사과하도록 하였다.	형제의 다툼은 이후 반복되었다.

■ 분석

어머니의 다툼 행동 뒤 20분간 손 들고 서있도록 지시한 행동(+)은 정적벌 중심으로 그 순간에는 다툼행동에 대해 단기억제 효과는 있을 수 있으나, 형제간의 다툼은 줄어들지 않았고 지속되었으므로 벌의 효과는 적용되지 않았다.

5. 형제간에 TV 채널을 가지고 서로 다툴 때, 어머니는 TV를 끄고 리모컨을 빼앗아 30분간 TV 시청을 금지하였다. 이후 TV를 볼 때 형제간의 다툼이 많이 줄었다. 어머니의 반응은 형제간의 다툼을 적절하게 감소시켰는가?

▪ 관찰내용

선행 상황	아동 행동	교사의 반응	효과
형제가 TV를 보다가 서로 다른 흥미로운 채널을 발견하였다.	형제끼리 다투었다.	엄마는 TV를 끄고 리모컨을 빼앗아 TV 시청을 금지하였다.	이후 TV를 볼 때 형제의 다툼은 줄었다.

▪ 분석

엄마의 자극은 TV 보는 행동을 제거(-)하였고, 이후 다투는 행동이 감소(-)하였으므로 부적벌의 두 가지 기준을 충족하였다.

단, 벌 이후에 긍정적 행동에 대한 강화 기회를 병행하여 일시적 억제에서 지속적인 자기조절 행동으로 발전하도록 지도가 필요하다.

3. 문제 행동의 기능

아동이 만드는 모든 문제 행동은 어떤 목적이 있다. 이유 없는 행위는 없다. 공격적 행동, 갑자기 화를 내는 행동, 때로는 자기 상해 행동까지도 어떤 목적이 있다. 다른 사람을 방해하려거나 또는 타인의 관심을 받기 위해서일 수도 있고, 때로는 자신의 욕구를 표현하는 의사소통 방법을 몰라서 일어날 수도 있다.

특히 자기조절(Self-regulation)의 결여는 아동의 문제 행동과 밀접한 관련이 있다. 자기조절 능력이 부족한 아동은 감정조절, 충동 억제, 사회적 규범 준수 등에 어려움을 겪으며 이는 관심 끌기, 회피, 자기 자극 등의 문제 행동으로 이어진다.

그러므로 문제 행동이 일어나는 원인을 파악하고 이 문제 행동이 어떤 결과를 가져오는지에 대한 기능적 분석은 '문제'로 규명할지, 또는 '문제 행동'이라면 중재를 위한 지원 방법을 계획하는 데 도움이 될 것이다.

문제 행동이 가지는 기능에 대해 정리하면 다음과 같다(Cooper, Heron, & Heward, 2020; Hanley, Iwata, & McCord, 2003; Kochanska, & Knaack, 2003; Skinner, 1958; Zelazo, & Carlson, 2012).

1) 관심 끌기

- **목적**: 어른의 주목을 받고자 할 때, 관심을 얻고 싶을 때, 또는 다른 사람과 상호작용하고 싶을 때, 어떤 활동에 관여하고 싶을 때, 아동은 그 문제 행동을 함으로써 관심을 얻고 관계를 형성하게 된다.

- **사례**:
  - 엄마가 휴대폰을 보며 자신의 일에 바빠 아동에게 눈길을 주지 않는다. 아동은 장난감을 던져 엄마의 주의를 끈다.
  - 엄마가 친구와 길게 휴대폰 통화를 하고 아동에게 관심을 주지 않을 때 아동이 물을 바닥에 엎지른다. 엄마는 통화를 중단하고 아동에게 다가와 사태를 수습한다.
  - 교사와 과제수행을 하다가 교사가 다른 아동에게 이동한다. 아동은 옆에 있는 친구를 괴롭히고 울게 한다. 교사가 '그렇게 하지 않도록' 꾸짖기 위해 다시 돌아온다.

[그림 3-2] 아동은 울음으로 교사가 자신에게 주목하도록 한다.

2) 회피하기

- **목적**: 특정한 과제나 활동을 마치도록 하였을 때 그 문제 행동을 함으로써 하기 싫은 활동이나 상황을 피한다.

- **사례**:
  - 잠잘 시간이라고 말할 때 아동이 잠자리에 들기 싫어서 운다. 부모는 좀 더 놀도록 허용함으로써, 아동은 잠자리에 드는 시간을 지연시킨다.
  - 학습지를 하도록 요구할 때, 아동이 하기 싫어서 자리를 이탈한다. 엄마는 과제의 양을 줄여 준다.
  - 그리기를 싫어하는 아동에게 스케치북과 크레파스를 주었을 때 종이를 찢거나 크레파스를 던지고 자리를 이탈한다. 교사는 그리기 놀이를 철회하고 블록장난감을 제공해 준다.

[그림 3-3] **아동은 교실을 뛰쳐나감으로써 교사의 지시 수행을 회피한다.**

3) 획득하기

- 목적: 아동이 좋아하는 물건을 못 가지게 하거나 활동을 못 하게 할 때 문제 행동을 함으로써 아동은 원하는 물건이나 활동을 얻는다.

- 사례:
  - 친구가 자신이 좋아하는 장난감을 가지고 놀고 있을 때 다가가 빼앗으려 하고 실패하자 운다. 교사는 다가와 진정시키고 한 번씩 번갈아 놀도록 조정한다.
  - 엄마가 손님과 이야기할 때 옆에서 이야기를 방해한다. 엄마가 휴대폰을 주면서 놀고 있으라고 한다.
  - 아동이 짜증을 내고 운다. 엄마는 젤리를 주며 그치도록 한다.
  - 교사는 자유놀이 시간이 끝나고 정리하라고 지시한다. 아동이 짜증을 내니 조금 더 놀도록 지연해 준다.

[그림 3-4] 아동은 부모의 대화를 방해함으로써 원하는 물건을 얻는다.

4) 자기자극

- **목적**: 외부의 자극 없이 특정 자극을 얻거나 불편한 자극을 줄이고 자신의 에너지를 통제하려는 대처 방법으로 자기 신체나 감각자극 행동을 반복하며 스스로 안정하고자 한다.

- **사례**:
  - 불안한 상황(불빛, 소리, 많은 사람 등)에서 반복적으로 손을 흔들거나 몸을 흔들거나 눈을 깜박인다.
  - 거슬리는 소리가 나거나(예: 사이렌 소리) 많은 사람이 붐비는 장소에서 큰 소리를 만들어 낸다.
  - 교실에서 활동이 재미 없을 때 반복적으로 물건을 돌리거나 두드리거나 손을 흔든다.
  - 손톱을 물어뜯거나 다리를 반복적으로 흔든다.

[그림 3-5] **흥미 있는 것이 없을 때 아동은 자기자극 행동을 한다.**

5) 자기조절 결여

- **목적**: 과제, 활동, 교재 등이 흥미가 없고 자신의 능력수준을 벗어나는 수행을 요구할 때 일어난다.

- **사례**:
  - 교사의 지시를 무시하고 알아듣지 못하는 것같이 자신의 행동을 반복한다.
  - 교실에서 친구가 곁에 와서 장난감을 잡자 갑자기 소리를 지르며 장난감을 빼앗는다.
  - 놀이가 끝나고 정리할 시간에 놀이를 멈추지 않고 울거나 바닥에 드러눕는다.
  - 놀이 중 자신이 원하는 물건이 없을 때, 말로 표현하지 못하고 물건을 던지거나 울며 떼쓴다.

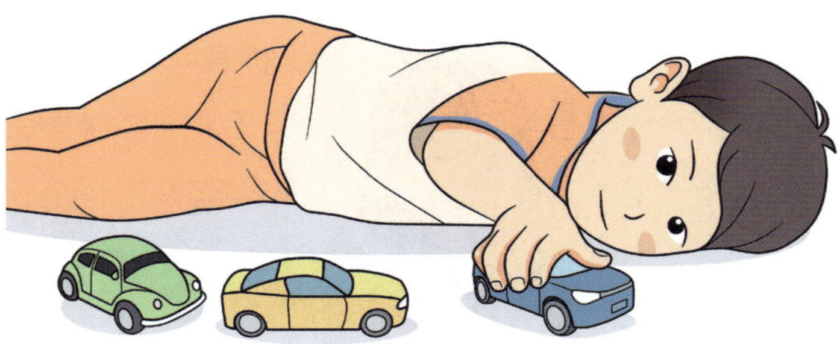

[그림 3-6] 아동은 발달과 성향에 따라 놀이 방식이 다를 수 있다.

[생각해 보기]

아동 행동은 왜 유지되고 있는가

1. 만 3세 된 지수는 평소 샘이 많은 아이이다. 교사는 지수가 있는 모둠에서 친구들과 함께 종이를 자르고 만들기 활동을 하였다. 그리고 다른 모둠으로 이동하여 아동과 상호작용하며 즐겁게 과제 수행을 하였다. 그때 지수가 같은 모둠에 있는 친구의 종이를 빼앗으며 괴롭혀 울린다. 교사는 다시 지수의 모둠으로 이동하여 지수에게 다가가 친구를 괴롭힌 행동에 대해 훈육하고 상황을 조정하였다. 아동의 행동은 어떤 기능이 작용하였는가?

■ 행동분석

선행 상황	아동 행동	교사의 반응
교사는 지수와 모둠에서 종이자르기 활동을 하다가 다른 모둠으로 이동한다.	지수는 같은 모둠의 친구를 괴롭혀 울린다.	교사는 다시 지수 모둠으로 돌아가 지수를 훈육하며 머무른다.

■ 행동의 기능

① **관심 끌기** ② 회피하기 ③ 획득하기 ④ 자기자극 ⑤ 자기조절 결여

→ 지수의 행동은 교사를 다시 자신에게 회귀시켜 머무르게 하는 효과를 가져왔다.

2. 연우 엄마는 연우가 학습지를 세 장 풀도록 요구하였지만, 연우는 하기 싫어서 30분 동안 딴청을 피우며 책상을 이탈하여 다른 곳을 돌아다니다 결국은 마치지 못했다. 애가 달은 엄마는 연우에게 한 장만 하고 끝내도록 타협하였다. 아동의 행동은 어떤 기능이 작용하였는가?

■ 행동분석

선행 상황	아동 행동	엄마의 반응
엄마는 연우에게 학습지 세 장을 풀도록 지시하였다.	연우는 딴짓을 하고 책상을 벗어나 다른 곳을 돌아다닌다.	엄마는 연우에게 학습지 세 장에서 한 장으로 줄여 주었다.

■ 행동의 기능

① 관심 끌기 ② **회피하기** ③ 획득하기 ④ 감각자극 ⑤ 자기조절 결여

→ 연우의 행동은 엄마의 지시에 따르지 않음으로써 하기 싫은 학습지 과제를 줄였다.

3. 교실에서 자유놀이 시간이 끝나고 간식을 먹기 위해 교사는 아이들에게 놀던 장난감을 정리하도록 지시하였다. 이때 선희는 울며 짜증을 내고 장난감을 던졌다. 교사가 선희에게 "더 놀고 싶어?"라고 달래며 10분 더 놀고 정리하도록 타협하자 선희는 울음을 그치고 놀기를 시작했다. 아동의 행동은 어떤 기능이 작용했는가?

■ 행동분석

선행 상황	아동 행동	교사의 반응
교사는 간식을 먹기 위해 놀던 장난감을 정리하도록 지시한다.	선희는 울며 짜증을 내고 장난감을 던진다.	교사는 선희를 달래며 10분만 더 놀도록 하니, 울음을 그치고 진정하였다.

■ 행동의 기능

① 관심 끌기 ② 회피하기 ③ **획득하기** ④ 자기자극 ⑤ 자기조절 결여

→ 아동은 울며 짜증을 내는 행동으로 자신이 원하는 장난감 놀이 시간을 획득하였다.

제4장

반응적 훈육을 위한 실천 전략

반응적 훈육은 아동의 인격 형성을 목적으로 하는 교육 활동으로서 영유아가 상황에서 요구되는 규칙이나 질서를 배우고 궁극적으로 욕구를 조절하는 힘을 기르도록 한다. 이 장에서는 아동이 하는 바람직하지 않거나 사회 안에서 방해가 되는 행동에 대해 성공적인 훈육을 위한 반응적 훈육 실천 전략을 설명하고자 한다.

1. 아동과 신뢰관계를 형성한다

• 무엇인가

– 신뢰는 긍정적 관계와 학습의 기본적인 요소이다. 아동은 신뢰하는 상대에게 자신의 감정이나 의도를 알리는 것을 편안하게 생각한다.

– 아동은 신뢰로운 관계 속에서 상대의 입장에서 생각하는 감정이입을 발달시키며, 어른의 애정적이고 안정을 주는 태도는 아동의 조절 능력을 키운다.

– 아동이 어떤 상황에서 갑자기 짜증, 거부를 나타낼 때 "뚝, 그만." "괜찮아."라고 억지로 안정하도록 강요하기 전에 안아 주거나 부드러운 말로 토닥이며 아동의 정서를 지지하고 자신의 감정에 효과적으로 대처하도록 시간을 주고 기다린다.

– 아동은 어른의 행동과 말을 통해 신뢰를 학습한다. 자신에게 관심을 가져달라는 아동의 신호를 인식하고, 작은 행동에도 반응해 줄 때 아동은 상대를 신뢰할 수 있게 된다.

[그림 4-1] 아동이 느끼는 두려움은 세상에 대한 이해 부족으로 일어난다.

- **어떻게 하는가**
  - 아동이 다양한 상황에서 나타내는 미세한 표시와 소리를 주의 깊게 관찰하고 보거나 들은 것에 대해 즉각적으로 반응해 준다.
    예: 미소 짓기와 같이 비언어적으로 표현하거나 또는 놀이 중 아동이 무심히 '아휴' 하고 소리를 낸다던 그대로 '아휴' 하며 반응해 준다.
  - 아동이 무료해하거나, 문제 행동을 보일 때 신체적 해를 주거나 부정적 언어를 사용하여 심각한 상황을 만들지 않고 자연스럽게 바람직한 방법으로 전환한다.
    예: "우리 블록놀이 하 볼까?" 또는 "냉장고에 어떤 주스가 있는지 볼까?"
  - 아동이 현재 하는 것에 대해 부정(예:"아니야." "잘못되었는데?" 등)하거나 또는 새로운 것으로 변화시켜 준비되지 않은 확장을 시도하는 것(예: "이렇게 하는 것이 더 좋겠다." "이렇게 해 보는 게 어때?" 등)은 아동과의 관계 형성을 방해할 수 있다.

2. 일상 속 긍정반응을 모델링한다

• 무엇인가

– 아동은 자신을 돌보고 교육을 해 주는 교사 또는 부모를 바라보며 같은 모습을 가지려고 한다. 아동에게 긍정적이고, 협력적인 모습을 모델링해 줄 때, 아동은 교사 또는 부모가 보여 준 방식대로 다른 사람과 상호작용하려고 노력한다.

– 아동이 어른의 제안에 "네 그래요."라는 긍정적 반응을 하기를 원한다면, 일상에서 자주 "좋아." "그래."와 같은 긍정적 메시지의 모델링이 되어야 한다.

– 어른이 일상에서 말하는 "아니야." "그렇게 하지 마." "지금은 안 돼."와 같은 부정적 표현에는 다음에 무엇을 해야 할지 바람직한 행동에 대한 제안이 없다. 따라서 어른이 먼저 바람직한 행동의 예를 보여 주어 아동이 긍정적 태도를 학습하도록 한다.

– 아동 옷 입히기, 밥 먹이기, 목욕시키기, 잠재우기 등 생활 속에서 아동을 돌보는 일과를 놀이적으로 한다.

• 어떻게 하는가

– 일상에서 '안 돼'를 '그래'로 반응한다. 아동이 하는 잘못된 행동을 지적하여 수정하는 것보다 현재 잘하고 있는 행동을 강화하는 것이 더 효과적이다.

예: 아동이 저녁시간에 과자를 먹겠다고 투정을 할 때, '안 돼. 밥 먹고 먹어.'는 그냥 '밥 먹고 먹자.'라고 반응한다.

– 아동이 혼자서 놀이할 때 내는 소리에 즉각적으로 반응해 준다. 이때 아동이 표현한 단어나 길이에 맞추어 그대로 피드백한다. 아동의 소리에 자주 반응해 줄 때 아동은 친밀감을 느끼고 이해받았다고 느낀다. 그리고 능동적 수행이 증가한다.

예: 놀이하면서 아동이 내는 '이야' '으'와 같은 무의미한 소리에 그대로 '이야~' '으~'라고 반응한다.

– 일상 중 아동의 능동적 수행에 특별한 성과와 상관없이 즉각적으로 칭찬한다.

예: 아동이 책을 보고 있다면 다가가 'OO이 책 읽고 있구나'라고 반응한다.

[그림 4-2] 아동은 자신의 방식대로 반응하는 어른과 즐거움을 가지고 공동활동을 유지한다.

3. 문제 행동에 즉각 반응하지 않는다

• **무엇인가**

– 보상이 되는 요인은 아동마다 다르게 작용할 수 있는데, 짜증이나 울음을 보일 때 "괜찮아."라며 아동을 안심시키거나, "그렇게 하지 마세요."라고 꾸짖는 것도 때로는 관심을 끄는 보상 반응이 될 수 있다.

– 바람직하지 않은 행동에 대해 즉각 반응하지 않는 것은, 반응에 대해 아무런 영향을 주지 않는 방법이다. 주의할 점은, 바람직한 행동을 배우도록 일상에서 대체행동에 대한 인과관계 학습이 함께 계획되어야 한다는 것이다.

– 아동이 과제를 하기 싫다고 교실에서 연필을 던져 버렸다. 이때 교사가 친절한 목소리로 "어, 이것은 나쁜 행동이에요. 착한 사람은 어떻게 해야 돼요?"라고 바람직한 행동을 가르치고자 한다면 성공할 수 없을 것이다.

– "연필 다시 가져오세요. 다시는 그러면 안 돼요."라고 훈육하기 위해 교사가 할애하는 시간과 아동에게 다가가서 거리를 좁히는 것은 오히려 관심의 물리적 척도가 되며, 교사를 내 옆에 두기 위해 사용하는 잘못된 방법의 학습이 될 수 있다.

• **어떻게 하는가**

– 아동의 행동 뒤에 따라오는 어른의 반응이 아동에게 영향을 주지 않도록 한다.

예: 행동에 대해 즉각적인 반응을 미루고 아무 말을 하지 않는다. 이때, 단호한 얼굴 표정도 필요하다.

– 아동의 부적응 행동을 자연스럽게 놀이로 전환할 수 있다. 현재 매우 위험하거나 위해할 수 있는 상황이 아니라면 그 상황에서는 부언하지 않고 아동에게 관심을 주지 않는다.

– 다른 놀이나 활동 장소로 전환한다.

– 예: "던지면 안 돼요." "다시는 그렇게 하지 마세요."라고 훈육을 하기보다 "우리

블록놀이해 보자."라며 다른 활동으로 전환한다.

[그림 4-3] **아이는 장난감을 던지며 부모의 관심을 얻고자 한다.**

4. 발달에 적합한 환경을 조성한다

• 무엇인가

- 아동의 행동을 관찰하고 의미를 이해한다. 아동의 행동에는 다 이유가 있다. 아동이 짜증을 내거나 화를 낸다면, 우선 아동이 왜 그렇게 했을지 행동과 상황 간의 관계를 생각해 본다.
- 어린 아동이나 발달에 문제가 있는 아동은 분노발작, 물기, 때리기 등과 같은 행동으로 자신의 부정적 감정을 표현한다. 이와 같은 행동을 보일 때, 아동의 행동을 '부정적'에만 초점을 두기보다는 그런 행동을 하게 된 이유와 상황을 이해할 필요가 있다.
- 성공적인 훈육을 위해서는 아동의 발달적 이해가 필요하다. 만일 아동이 현재 만 6세이지만 언어표현 수준은 16개월이라면 자신의 의미를 언어로 표현할 수 없고, 상대와의 관계성은 자신의 욕구 충족이 우선적이다. 또래에 비해 지시에 따르고 집중하여 과제를 수행하기는 어려울 것이다. 현재 아동의 수행 수준에서 가능한 표현 방법을 이해해야 한다.
- 발달적으로 만 6세는 성숙적 나이로는 상대의 감정을 이해하고 사회관계를 형성하기 위한 규칙 따르기가 가능하지만, 16개월의 영아는 자기중심적 판단으로 행동한다.
- 아동이 어른의 요구에 잘 따르지 않는 것은 자신에게 요구된 것이 너무 어렵거나 흥미가 없기 때문이다. 어른이 아동의 능력 수준과 희망 사항을 알고 이에 반응해 줄 때 오히려 성공적으로 아동의 자발적인 협력을 이끌 수 있다.

• 어떻게 하는가

- 발달에 문제가 있는 아동에게 현재 발달적 기능 수준이 아닌, 생활연령 수준에 맞추어 수행하도록 요구하고 기대하는지 생각해 본다. 만약 아동에게 현재 발달수준

이 아닌 수행을 하도록 요구하고 기대한다면 아동은 수행에 실패할 것이다.

– 발달검사를 통해 현재 아동의 발달적 기능수준을 이해한다. 그리고 아동의 수행을 발달 연령 수준으로 이해한다.

  예: 아동이 현재 만 6세이지만 표현언어가 16개월 수준이라면, 아동은 '으' '아'와 같은 1음절 언어가 일반적일 것이다.

– 아동이 짜증을 내거나 화를 낸다면, 아동이 행동을 일으킨 이유가 무엇인지 살펴본다. 짜증을 내기 전 상황과 짜증을 낸 후 부모나 교사의 반응을 기록해 본다.

[그림 4-4] 자폐스펙트럼 장애 아동은 자신의 장난감을 공유하는 것을 좋아하지 않는다.

5. 긍정 피드백의 기회를 늘린다

• 무엇인가

– 칭찬은 듣는 사람으로 하여금 긍정적인 행동을 하도록 한다. 때로는 아동의 부정적 행동에 대해 올바른 제안을 주고자 훈육하고 교육하여 변화시키고자 하지만, 능동성에 근거하지 않으면 바람직한 행동을 습관화하지는 못한다.

– 부정적 행동을 강압적으로 제지하여 그 순간 부정적 행동을 멈추었더라도 그것은 일시적이고 그 상황에 대한 식별학습을 한 것이다. 부정적 행동에만 초점을 두는 것은 어떻게 긍정적인 행동을 해야 할 것인지에 대한 제안은 없는 것이다.

– 아동이 하는 수행에 대해 성공에만 목표를 두는 것이 아니라 그 자체에 긍정적 피드백을 받을 때 아동은 자신의 수행에 대해 자신감을 가지고, 실패를 두려워하지 않고 도전 자체를 즐기는 아동으로 성장할 것이며 이는 성취에 영향을 미친다.

• 어떻게 하는가

– 아동은 어른이 자신의 활동에 관심을 가지고 있고 지지하고 있다는 것을 인식할 때, 끝까지 과제를 실행하려고 노력할 것이다.

예: 아동이 퍼즐을 맞출 때 "동그라미 맞췄구나." 등과 같이 현재 아동의 수행을 그대로 기술해 주며 긍정 피드백을 한다.

– 어른은 아동을 주시하며 아동이 활동을 하는 중간에 눈을 맞추며 잘하고 있다는 지지의 신호를 보낸다. 아동은 '내가 무엇인가를 해냈구나.' 하고 자신의 수행에 의미를 가진다.

예: 아동이 퍼즐을 맞추는 도중 눈이 마주치면 꼭 언어적 피드백이 아니더라도 미소를 지어 반응한다.

– 아동이 한 행동이나 활동에 즉각적으로 피드백한다. 말 이전 단계의 영아가 자신의 요구를 알리기 위해 사용하는 울음 또는 비언어적 단서나 무의미한 신호

에도 즉각적으로 반응할 때 아동은 자신이 만들어 낸 자극에 의미를 가지게 된다.

예: 무의미하게 어깨를 으쓱이거나 눈을 깜박이는 행동에 반응해 준다.

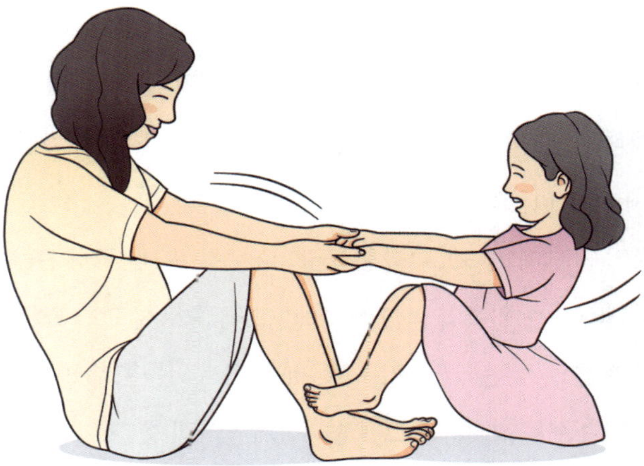

[그림 4-5] **눈높이를 맞추고 아동의 흥미와 관심에 맞추어 상호작용할 때 능동적 수행은 증가한다.**

6. 가능한 행동 범위를 설정한다

• 무엇인가

– 아동의 발달수준에 적합한 한계를 설정해 줄 때, 오히려 아동은 상대의 훈육에 대한 믿음을 키우며 신뢰를 형성할 수 있다. 그리고 자신의 수행과 결과 간에 인과관계성이 명확하기 때문에 다음에 이와 같은 상황에서 같은 결과를 예측할 수 있다. 이것은 아동에게 안정감과 유능감을 준다.

– 아동의 안전(예: 부모로부터 멀리 달아나는 것, 뜨거운 물에 손을 대는 것)을 위해 필수적이거나 또는 가족의 중심 가치(예: 고의적으로 부모를 때리는 것)를 벗어나는 것에는 제한을 설정한다. 단, 모든 경우에 있어서 아동을 위해 설정한 제한은 아동의 현재 발달수준을 고려하여 그에 합당하게 정해야 한다.

– 아동이 대화가 가능하고 상대에 대한 이해가 가능한 발달수준(약 만 4세 이후)이라면, 아동에게 선택권을 부여하여 스스로 할 수행의 범위를 정하는 것은 책임감을 가지고 다음 수행을 유지하도록 동기를 부여한다.

• 어떻게 하는가

– 아동이 지켜야 할 규칙이나 행동을 미리 정해 아동과 합의를 한다.

예: 수업 중 짜증이 나면 물건을 던지는 아동이라면, 수업 전 사전에 아동과 '지루하면 선생님한테 이건 재미없어요라고 말하기'를 제안하고 약속한다.

– 어른은 아동의 행동 유형을 미리 예측할 수 있어야 한다.

예: 만일 충동성이 높은 아동이라면 수업 전에 미리 "오늘 재미있게 수업하자! 그런데 수업에서 정말 하기 어려우면 선생님한테 말해 주세요." "화가 나는 일이 있으면 화났다고 말해 주세요."라고 아동에게 말하고 시작한다.

– 아동이 문제 행동을 일으켰을 때 그 행동을 제지하려는 것보다 사전에 어떻게 행동해야 할지 행동 범위를 제시한다.

예: 어른은 아동과 해야 할 것, 그리고 아동이 하고 싶은 것에 대해 서로 이야기를 나누며 협의하여 결정한다.

[그림 4-6] **사전에 아동이 어떻게 행동해야 할지 행동 범위를 제시한다.**

7. 명확하게 전달한다

• 무엇인가

– 아동과 지켜야 할 규칙을 말로 나눌 때에는 눈을 맞추고 서로 말한 것을 이해했는지 확인하여야 진정하게 서로 합의한 것이 된다. 서로의 합의가 있을 때 아동은 책임감을 가지고 참여할 수 있다.

– 아동에게 지켜야 할 제안을 줄 때 그것이 아동이 할 수 있는 것인지, 그리고 아동이 원하는 것인지 서로의 합의가 필요하다. 때로는 아동의 연령이 너무 어리거나 또는 기질과 행동 유형에 부적합하다면, 집중이 어렵고 어른이 주는 중요한 내용을 간과할 수 있다.

– 훈육은 아동의 주의를 집중시키고 잘못된 행동을 구분할 만큼 목소리나 표정에서 구분되게 전달해야 한다. 단, 신체적으로 상처를 주거나 해쳐서는 안 된다.

– 아동은 자신의 행동에 대해 훈육을 받았지만, 상대가 여전히 자신을 사랑하고 있다는 것을 인식하도록 한다.

• 어떻게 하는가

– 아동과 눈을 맞추고 전달할 내용을 간결하고 명확하게 말한다. 이때 아동의 발달 수준에 맞는 단어 수, 어휘를 사용한다.

예: 만 3세 아동에게 알려 준다면, "철수야."라고 부르고 "밥 먹자."라고 명확하게 말한다.

– 아동에게 훈육할 내용이 아동이 수행 가능한 수준인지 인식하고 가능한 행동 범위를 미리 제안한다.

예: 내용을 전달할 때, 눈을 맞추고 "우리 10분 뒤 밥 먹을 거야." "'정리하자'고 하면 장난감 정리하는 거야."라고 정확히 전달한다.

– 약속한 수행을 어긴다면 일단 수용하고 다시 한번 상기시키며, 이때 실패에 대

해 비난하거나 질책하지 않는다.

예: "우리 10분 놀고 정리하기로 했잖아."라고 약속을 상기시키되, "안 돼, 그만 해. 너는 약속을 안 지키는구나."라며 비난하지 않는다.

[그림 4-7] **아동에게 전달할 내용은 발달수준에 맞는 단어와 어휘를 사용한다.**

[생각해 보기]

짜증스러운 울음은 문제 행동인가

아동이 짜증스러운 울음으로 요구하는데, 받아 주어야 하는가? 아니면 무시해야 하는가?

아동은 때때로 자신의 요구를 표현하는 방식으로 울거나, 찡얼거리며 반응한다. 대부분의 어른은 이러한 행동을 문제 행동의 표현으로 간주할 것이다. 행동주의 학습 관점에서는 이러한 행동에 애정적으로 반응해 주는 것은 문제 행동을 더 부추기는 결과를 가져오기 때문에 무시하거나 때론 강압적으로 제지하도록 한다.

그러나 반응적 교수 관점에서는 먼저 아동의 발달적 기능 수준을 이해하고 상황 맥락을 살피도록 한다. 그리고 이러한 아동의 요구 표현이 일반적인 말로 부적인 표현 방식이라 할지라도, 즉시 애정적으로(예: 부드러운 목소리) 반응해 주도록 한다. 아동의 울음이나 찡얼거리는 행동은 현재 아동의 표현방식이고 어른의 관심을 얻기 위한 아동의 노력이며 이에 대해 어떻게 반응해 주는가가 아동이 스스로 사랑받고 있다는 믿음을 확인하고 정서적 안정을 가지는 데 중요한 사건이 되기 때문이다.
아동이 갖는 안정감은 아동이 필요한 때에 자신에게 안정을 주고 지켜 줄 것이라는 확신에서부터 생겨난다. 아동이 관심을 끌기 위해 하는 행동 양상에 반응한다고 해서 아동이 버릇없어지는 것은 아니다.

오히려 그것은 아동에게 어른의 사랑과 애정을 확인시켜 주고 아동이 스스로 자신의 감정을 통제하고 불안해하는 요소에 대해 효과적으로 대처하는 방법을 배울 수 있도록 해 준다.

아동이 관심을 끌려고 하는 요구를 무시하지 말아야 한다. 아동이 어른에게 관심을 받고 싶어 하는 것은 지극히 정상적이다. 그리고 아동은 어른이 주는 관심을 통해 사회-정서 능력을 더욱 성숙하게 발전시켜 나간다.

[그림 4-8] 울며 요구하는 아동

제5장

반응적 훈육 계획

1. 행동 규명하기

아동의 행동을 바람직하도록 훈육하기 위해서는 무엇보다 먼저, **아동의 행동을 관찰 가능한 구체적 행동으로 규명해야 한다.** 관찰 가능한 구체적 행동을 설명하면 다음과 같다(김정미, 1994).

1) 관찰 행동은 단순행동으로 기술한다.

우리가 진술하는 행동은 그 행동을 구성하고 있는 작은 행동들의 복합행동으로 구성되어 있다. **아동의 행동을 명확하게 규명하기 위해서는 구체적인 단순행동으로 기술해야 한다.**

예를 들면, 교사가 "아이가 너무 산만하고 공격적이에요. 교실에서 교육활동에 적응적이지 못해요."라고 진술했다면, 이것은 '산만하다' '공격적이다' '교육활동을 수행하지 못한다'는 세 개의 복합적 행동이다. 이 중 관찰할 우선순위 행동을 정하고 구체적으로 기술하도록 한다.

관찰 행동 기술 예시:

문제 행동: 공격적이다.

구체적 진술: 친구의 블록을 빼앗는다.

2) 관찰 가능한 행동으로 표현한다.

관찰 대상의 행동은 강도와 빈도를 셀 수 있도록 관찰 가능한 행동으로 표현해야 한다. 예를 들면, 산만하다는 행동은 식사시간인지 학습시간인지 상황을 명확히 기술하고, 돌아다니는 것인지, 어지르는 것인지의 형태 그리고 얼마나 오래 그러한 행동이 지속되는지 그 기간에 따라 행동이 규명되어야 한다.

관찰하여 기록할 수 있도록 객관적으로 표현할 때, 아동이 왜 그리고 어느 상황에서 그러한 행동을 하는지 이유와 효과를 규명할 수 있다.

관찰 행동 기술 예시:

문제 행동: 산만하다.

구체적 진술: 아동은 교육활동 중에 책상에 10분 이상 앉아 있지 못한다.
또는 아동은 식사시간에 10분 이상 식탁에 앉아 있지 못한다.

[생각해 보기]

문제 행동은 구체적인가

1) "산만하다" (구체적 진술인가? 예□, 아니요☑)

구체적 진술: 책을 읽을 때 한번에 5분 이상 앉아 있지 못한다.

2) "무례한 행동을 한다" (구체적 진술인가? 예□, 아니요☑)

구체적 진술: 대기실에서 앉아 있는 아이를 때린다.

3) "친구를 괴롭힌다" (구체적 진술인가? 예□, 아니요☑)

구체적 진술: 친구의 장난감을 빼앗는다.

2. 환경맥락 분석하기

아동의 행동이 바람직하게 형성되고 유지되게 하기 위해서는 행동이 만들어지는 메커니즘에 대한 이해가 필요하다. **아동의 행동이 일어나는 전후 상황에 대해 관찰 기록하고 관찰 기록된 자료를 기초로 해서 행동을 분석할 수 있다.** 이러한 과정은 일반적으로 행동 발생과 관련된 상황으로서 선행 상황(Antecedent), 행동(Behavior) 그리고 그 행동에 수반되는 반응 결과(Consequence)를 분석한다.

행동의 '선행 상황(A)'은 행동이 일어나는 전조자극을 말하며, '행동(B)'은 관찰하고 분석하려는 행동 그 자체로서 조정이 필요한 문제 행동이다. '반응 결과(C)'는 행동을 증가 혹은 감소, 유지하게 하는 행동에 수반하는 반응을 말한다(Baldwin & Baldwin, 1981).

행동의 '환경맥락 분석하기'는 행동이 일어나는 이유를 확인하는 방법이다. 예를 들면, 아동에게 줄이고 싶은 행동이 규명되었다면, 행동분석의 첫 번째 단계는 행동(B)이 발생하는 이유를 이해하는 것이다. 이를 위해 행동 전(A)과 후(C)에 일어나는 일에 주목해야 한다. 이것은 행동이 발생하는 이유와 기능을 확인하는 데 도움이 되는 단서이기 때문이다.

〈표 5-1〉 **행동의 환경맥락 분석 모형**

A (Antecedent) 선행 상황	B (Behavior) 행동	C (Consequence) 반응 결과
행동의 직전에 나타난 사건	관찰 가능한 움직임	행동 직후에 일어난 일

1) 선행 상황(A: Antecedent)

문제 행동을 유발하는 환경 자극이 무엇인지 관찰한다. 즉, 행동이 발생하기 직전에 있었던 상황들을 살핀다. 주로 언제, 어디서, 누가 있을 때, 또는 어떤 특별한 자극 상태에서 그런 행동이 발생하는지를 살펴본다. 일정한 기간 관찰을 계속하면, 주로 어떤 상황에서 그러한 행동을 자주 그리고 심하게 하는지, 유도하는 자극을 발견할 수 있다.

2) 행동(B: Behavior)

행동 분석의 첫 단계는 문제를 구체적 행동으로 정의하는 것이다. 구체적 행동이란 객관적으로 관찰과 측정이 가능한 행동을 말한다. 예를 들면, '공격적이다'보다는 '친구가 놀고 있는 장난감을 가지려고 얼굴을 밀친다'고 기술하는 것이 더 구체적이다. 문제를 구체적 행동으로 정의한 다음에는 그 행동이 얼마나 자주 발생하는지, 또 얼마나 오랫동안 계속되는지 그 빈도와 지속시간을 측정한다(예: 한 시간 자유놀이 시간 중 친구 얼굴을 몇 번이나 밀쳤는지 세어 본다).

행동의 관찰은 문제의 성질을 이해하고 해결방안을 찾는 데 가장 필요한 정보를 제공해 준다. 행동의 관찰은 행동의 수정과 치료 전략의 수립, 치료성과의 분석을 보다 객관화할 수 있도록 한다.

3) 반응 결과(C: Consequence)

인간의 대부분의 행동은 어떤 행동에 뒤따라 일어나는 반응 결과(consequence)의 영향을 받는다. 어떤 행동을 함으로써 자신에게 유리한 결과를 얻을 수 있거나 또는 혐오스러운 상태로부터 피할 수 있을 때, 사람은 그러한 행동을 더 자주 반복하는 경향이 있다.

행동을 강화하는 반응 결과를 발견하기 위해서는 행동이 발생하는 바로 그 시간 그 장소(here & now)에서 관찰이 이루어져야 한다. 그러한 행동을 통하여 아동이 어떤 결과를 얻는지 살펴본다(예: 아동이 괴성을 지르며 바닥에 드러누울 때 주위 사람들이 어떻게 하는지 또는 아동에게 어떤 이득이 오는지, 아동은 어떤 혜택을 얻게 되는지, 또는 하기 싫은 어떤 일을 피할 수 있게 되는지 등을 주의 깊게 관찰한다).

행동적 관점에서는 반응 결과를 체계적으로 잘 조절하면 그 행동이 미래에 다시 발생할 확률을 증가시킬 수도 있고 감소시킬 수도 있다고 본다.

〈표 5-2〉 **행동의 환경맥락 분석의 예**

선행 상황	행동	반응 결과
점심식사 전 자유놀이 시간에 교사가 점심식사를 위해 장난감을 정리하라고 공지한다.	민재는 교실 문을 열고 뛰어나간다.	교사는 민재를 따라 나가고 뛰어가는 민재를 뒤쫓아 뛰어가 '친구들이 기다리니 교실로 다시 돌아가자'고 권한다. 교실로 들어오니 장난감은 다 정리되어 있고 교사의 권유로 자기 자리에 앉아 점심 급식을 기다린다.

[생각해 보기]

관찰 행동의 환경맥락은 어떠한가

1. 사례

[배경 정보]

서유는 만 3세 된 남자아이이며 위로 누나 두 명이 있다.

만 1세부터 어린이집에 다니고 있으며 부모 모두 직장에 나가고 있다.

친구들과 함께 놀기는 하지만, 원만하지는 않아 혼자 놀이가 많고 놀잇감을 공유하여 함께 놀이가 어렵다.

불편한 상황이 생길 때에는 언어로 표현하기도 하나 대부분 때리고 밀치는 것으로 해결하고자 한다.

[일상 중 행동 관찰]

서유는 바깥 놀이를 다녀온 후 교실에서 친구들과 자유놀이를 하고 있었다. 저편에서 친구들이 클레이와 소꿉놀이를 가지고 시장놀이를 하고 있었다. 서유는 다가가 함께 놀자고 권유하지만 친구들은 "안 돼, 우리 놀고 있어서 안 돼."라고 거절하였다. 서유는 그곳에 있는 클레이를 가져오려 했고 아이들은 "안 돼." 하며 저항하였다. 그러자 서유는 "똥이야."라며 소리 지르고 친구들은 교사에게 다가가 서유가 '나쁜 말을 했다'고 일렀다. 교사는 "친구에게 그런 속상한 말을 하면 안 되지요?"라고 훈육하고 교사와 놀자며 서유를 이끌어 그 자리를 벗어났고 분쟁은 일단 진정이 되었다. 그리고 교사는 분쟁을 차단하려는 목적으로 서유와 다음 활동까지 단독으로 놀아 주었다.

2. 환경맥락 분석하기

선행 상황(A)	행동(B)	반응 결과(C)
자유놀이 시간에 서유가 친구들에게 다가가 함께 놀고자 시도하지만 거절당한다.	서유는 친구들의 장난감을 가져온다.	친구들은 교사에게 서유가 자신들의 장난감을 가져갔다고 말한다. 서유가 "똥이야."라고 말한 것을 이른다. 교사는 서유에게 "친구에게 속상한 말을 하면 안 된다."라고 지도한다. 서유는 "네."라고 대답한다. 교사는 서유를 다독이며 단독으로 놀아 준다.

■ 분석 결과

서유가 친구들에게 함께 놀이를 거절당하는 불편한 상황에서, 친구의 놀잇감을 가져오고 자극적인 나쁜 말을 하는 것이 교사의 관심을 자신에게 집중시키고 더욱이 교사를 자기에게 오래 머물게 하는 효과를 얻었다.

3. 유지요인 재조정하기

- 바람직하지 못한 행동이 일어나는 이유는 좋은 것이 따라오거나(획득), 원하지 않는 일이나 유쾌하지 않은 상황을 피할 수 있거나(회피), 자극 놀이가 재미있을 때(자기자극)이다.
- 바람직하지 못한 행동을 바람직하도록 훈육하기 위해서는 그 행동을 일어나게 하는 '선행 상황'을 제거하거나(환경조성하기), 바람직하지 않은 행동에 대한 잘못된 기능 연합은 조정하고, 보상은 바람직한 행동과 연합(일상에서 긍정반응하기)한다.[1]

〈표 5-3〉 **문제 행동 기능 및 재조정 계획**

문제 행동의 기능	재조정	반응적 훈육 계획
관심 끌기	반응 결과 철회	아동 행동에 대해 관심 주지 않기 일상에서 긍정반응 계획하기 다른 놀이나 장소로 전환하기
회피하기	반응 결과 변경	아동 행동에 대해 관심 주지 않기 사전에 행동 범위 설정하기
획득하기	반응 결과 철회	아동 행동에 대해 관심 주지 않기 사전에 행동 범위 설정하기 아동이 선택한 활동 함께하기
자기자극	선행 상황 조정	자기자극 추구가 일어나는 환경 재조정하기 아동의 흥미에 맞는 활동, 자극 제공하기
자기조절 결여	선행 상황 조정	아동의 능동적 발현(행동이나 말) 관찰하기 아동의 성향 이해하기 아동의 발달수준에 맞는 반응 조정하기

1) 제3부 반응적 훈육 적용에서 STEP 5. 반응적 훈육 계획하기 참고.

4. 예방 중심 환경 만들기

아동이 수행할 수 있는 긍정적 환경을 제공하는 것은 문제 행동을 억제하고 부정적 행동이 일어나지 않도록 도울 것이다. 예방 중심 환경 계획을 위한 예방 전략은 다음과 같다.

1) 명확한 기대와 규칙 제시하기

아동이 해야 할 행동에 대해 미리 제시하여 어른이 '무엇을 기대하는지' 구체적으로 알도록 한다.
예: "우리 블록을 나눠 쓸 거예요." "친구가 말하고 있을 때는 들어 주세요. 그리고 다음 순서에 말을 해요."

2) 선택할 기회 주기

아동이 자신의 수행을 선택하도록 할 때 자신의 선택에 통제감을 느끼고 책임 있게 참여할 수 있다. 때에 따라 제한된 선택을 제공하여 아동이 수행할 행동에 근접하도록 한다.
예: "엄마가 선생님과 이야기하는 동안 잠시 여기 의자에 앉아서 기다리고 있어야 해. 책을 읽으면서 있을까? 아니면 블록 놀이를 하고 있을까?"

3) 전환 상황을 미리 예고하기

전환에 어려움이 있거나 또는 집중이 어려운 아동은 어른의 제안이 갑작스럽게 느껴지고 이에 반응이 느릴 수 있다. 이는 거부로 여겨져 어른과의 관계에 오해를 일으키기도 한다. 따라서 아동에게 다음에 일어날 상황에 대해 미리 설명하여 전환을 준비할 시간을 준다.

예: "5분 뒤에는 간식시간이라서 장난감을 정리할 거야."라고 5분 전에 미리 이야기하고 5분 뒤에 "장난감 정리하자."라고 제안한다.

4) 과제 난이도 조절하기

너무 어렵거나 아동의 흥미나 수행수준에 적합하지 않은 과제는 아동의 참여를 낮추고 이는 부적응을 유발할 수 있다. 따라서 아동의 수준에 맞는 활동을 제공하고 성공경험을 자주 가지도록 하는 것은 아이에게 다음 수행에 집중할 기회를 늘릴 것이다.

예: 산만하고 집중이 짧은 아동이라면, 또래 아동에 비해 학습과제의 양을 줄여서 제시하여 짧은 시간 내 성취감을 느끼도록 기회를 마련한다.

5) 환경 구조화하기

아동이 주의를 빼앗길 만한 방해물을 제거하고 때에 따라서는 아동의 행동 유형에 적합하도록 환경을 재구성한다. 만일 매우 산만하고 집중이 어려운 아이라면 과잉자극을 줄이고 활동에 집중할 수 있도록 공간을 정리한다.

예: 집중이 어려운 아동이라면, 넓은 공간보다 적당한 크기의 방 그리고 많은 장난감보다 몇 개의 관심 있는 것을 배치한다.

〈표 5-4〉 아동 유형별 예방 중심 환경 계획 예시

사례	예방 전략	예시
친구와 다툼이 많은 아이	명확한 기대와 규칙 가지기 선택할 기회 주기	놀이 전 "친구가 놀고 있는 놀잇감을 놀고 싶을 때 '친구야 놀자'라고 이야기하자." 놀이 상황에서 "우리는 블록이 열 개만 있어. 그리고 다른 놀잇감도 있어. 어떻게 나누어 놀면 좋을까? 똑같이 블록을 다섯 개씩 나누어 놀까? 아니면 한 사람은 블록? ○○이는 찰흙을 가지고 놀까?"
정리시간이 어려운 아이	전환 상황을 미리 예고하기	정리하기 5분 전 미리 아동에게 다가가 "○○아 우리 5분 뒤에 정리할 거야." (5분 뒤) "자 우리 장난감 정리하고 간식 먹자."
집중이 어려운 아이	과제 난이도 조절하기 환경 구조화하기	활동 시간을 짧게 조정한다. 아동이 집중하기 쉬운 자리를 배치한다. 활동 전 미리 활동에 대해 간단하게 안내한다.

5. 반응 전략 적용하기

반응적 훈육은 아동의 문제 행동을 직접 통제하거나 제지하기보다 환경과 교사 또는 부모의 반응을 조정함으로써 아동의 자기조절력을 키우는 접근이다. 반응적 훈육을 위한 실제 적용 반응 전략은 다음과 같다.

1) 관심 반응 제거하기

아동의 문제 행동이 부모나 교사의 관심(행동 후 언어표현, 반응 등)에 의해 강화되지 않도록 의도적으로 관심을 제거한다. 문제 행동이 '관심 끌기' 기능을 가지고 있다면, 관심 반응 제거하기 전략이 효과적이다.

문제 행동에 반응하지 않는 대신, 바람직한 행동에는 즉각적 관심과 긍정적 피드백을 제공한다.

예:

- 아이가 교사의 시선을 얻기 위해 장난을 반복할 때, 즉각 반응하지 않는다. 잠시 무표정하게 다른 일을 하거나 주의를 다른 아이에게 돌린다.
- 친구와 전화 통화하고 있는 엄마의 주의를 끌기 위해 동생의 장난감을 빼앗을 때, 즉각적으로 다가가 아이를 혼내는 것도 거리와 시간을 좁히는 관심의 반응이 될 수 있다.
- 문제 행동이 일어난 상황에서 반응을 철회하고 다른 활동으로 전환한다.
- 어린 아동이나 발달이 지연된 아동에게 지시는 아동의 발달수준에 적합하도록 짧고 간단하게 한다.

※ 단, 위험하거나 타인을 해치는 행동에는 적용하지 않는다.

2) 바람직한 환경 조성하기

문제 행동이 나타나는 상황이나 환경적 요인을 조정하여 아동이 문제 행동을 발생하기 전에 보다 안정적으로 행동할 수 있도록 지원한다. 즉, 문제 행동이 일어나지 않도록 사전 예방하는 환경적 접근이다.

아동의 자극 환경을 조절함으로써 문제 행동의 유발 요인을 줄이고, 스스로 조절할 기회를 제공한다.

예:

- 아이를 민감하게 관찰하고 아이의 행동을 떼쓰는 것으로 일괄하기보다 요구사항에 민감하게 반응한다.
- 아동의 요구에 좀 더 관대하고 유연한 태도로 이해하도록 한다.
- 주의가 산만한 아동이라면 주변의 소음 수준, 공간의 크기나 정리 등을 고려한다.
- 아동이 특정 자극에 예민하다면, 조명, 옷의 질감 등을 아동에 맞는 환경으로 조정한다.
- 교실에서는 여러 아동이 공동 활동을 하기 때문에 장난감이 부족하여 다투지 않도록 사전에 장난감 수를 늘려 다툼을 사전에 예방한다.
- 집중 시간이 또래보다 짧아서 매번 활동 완수에 실패한다면, 아동의 수행 수준에 적합한 범위를 제한하여 아동의 주의력, 집중력 행동을 향상할 수 있도록 한다.

3) 일상에서 자주 긍정 행동 반응하기

바람직하지 않은 행동은 지적하지 않으며, 일상속에서 아동의 긍정적 행동에 대해 한 즉각적이고 구체적으로 격려와 칭찬을 계획적으로 제공한다. 훈육은 '문제 행동 억제'가 아니라 긍정행동을 학습하도록 돕는 과정이라는 점에서 반응적 훈육의 핵심적인 반응 전략이라 할 수 있다.

긍정행동이 일상속에서 반복되도록 부모나 교사가 의식적으로 자주 긍정반응을 하도록 설계하고 실행한다. 여기서 긍정행동이란 목표로 계획한 성취 행동의 의미가 아니라 생활 속에서 아동이 자연스럽게 드러내는 모든 행동을 포함한다.

예:

- 짜증이 많은 아동이 점심시간에 짜증 없이 식판에 있는 음식을 스스로 잘 먹을 때 스스로 잘 먹는 것에 대해 칭찬한다(○○이 어묵도 먹고 오리고기도 먹었네~).
- 아동이 별 다툼없이 친구와 함께 놀이하고 있을 때, 현재 놀고 있는 상황을 지지하며 칭찬한다(○○이 친구와 블록 놀이 하고 있구나).
- 샤워할 때, 엄마에게 협조하며 씻는 것을 칭찬한다(○○이 머리도 감고, 세수도 잘하네~).

긍정반응 TIP

- 일상에서 자주 '안 돼'를 줄이고 '그래'로 표현하기
- 불편한 상황을 재미있는 상황으로 바꾸어 전환하기
- 아이가 보내는 부적응적 신호(예: 울음, 두려움, 짜증)에 만감하게 반응하기
- 아이의 불안 감정에 공감의 말로 표현하기

4) 행동 범위 설정하기

행동 범위 설정은 아동이 자율성과 한계를 함께 배우도록 일상 안에서 명확하고 일관된 행동 기준을 제시하는 것이다. 부모나 교사는 통제나 처벌이 아닌, 아동이 예측 가능한 구조와 안전한 한계를 제공하고 아동이 스스로 선택한 행동을 하도록 한다. 이는 잘못된 행동을 훈육하기보다, 사전에 아동이 어떻게 하는 것이 바람직한지에 대한 긍정적 대처법을 알려주어 긍정 행동의 기회를 증가시키는 것이다.

만일 사전에 설정한 행동 범위를 이행하지 않았다 하더라도 바로 훈육하지 않고 서로 협의된 행동 범위를 다시 한번 주지시킨다(예: 선생님이 '정리하자'고 말하면 바로 정리하기로 했잖아). 이는 교사나 부모가 아이의 감정을 이해하고 있다는 것을 확인시키는 반응이다.

※ 반응적임이 아동의 요구나 아동이 현재 하는 행동에 무조건 허용하는 것은 아니다. 어린 아동은 아직 세상의 경험과 논리적 사고로 조합할 능력이 부족하기 때문에 분명하고 명확한 한계선 안에서 선택할 기회를 줄 때 오히려 안정되고 편안함을 느낀다.

예:

- 아동에게 선택권을 주되 자신이 정한 한계를 지키도록 한다. 선택사항이 너무 많은 것도 선택의 여지가 전혀 없는 상황 만큼 아동에게 바람직하지 않다. 교사와 부모는 아동의 수준에 맞는 선택안을 사전에 계획하여 제시하고 선택권은 아동이 자신의 방식대로 하도록 한다.
- 교실에서 정리하는 시간에 교사의 지시를 따르지 않는다면, 사전에(예: 교사는 5분 전에 5분 후 정리할 것임을 개인적으로 알려 줌) 공지하고 몇 개 정리할 것인지 등 언제, 무엇을 할 것인지에 대한 정보를 아동과 서로 합의한다.
- 아동이 힘들어하는 활동이나 과제는 아동의 수준에 적합하도록 활동의 종류, 상황, 시간 등을 조절한다. 평소에 하루 3장씩 하는 학습지를 하지 않고 돌아다닌다면,

아동이 선택권을 가지고 스스로 수행할 수 있는 범위를 타협하여 정한다(예: 아동이 한 장씩하겠다고 제안). 그리고 이미 정한 한계를 지키도록 한다.

〈표 5-5〉 반응 전략 적용 계획

반응 전략	목표	적용 방법
관심 반응 제거하기	부적합한 자극-반응 강화 연합 해체	문제 행동에 반응하지 않고 긍정행동에 초점
바람직한 환경 조성하기	문제 행동 유발요인 차단	환경 상황의 예방적 조정
일상에서 자주 긍정행동 반응하기	긍정행동 촉진	긍정행동 발현의 습관화
행동 범위 설정하기	자기조절 구조 제공	명확하고 예측 가능한 규칙 제시

[생각해 보기]

반응적 훈육은 무조건 수용하는 것인가

■ 반응적 훈육의 오해

✓반응적 훈육은 아동의 행동을 제지하지 않는다는 것인가?

- 아니요. 반응적 훈육은 '통제하지 않음'이 아니라 아동을 지지하면서 지도하는 것입니다. 훈육을 통해 아동과의 관계를 유지하면서 아동이 바람직한 행동을 배우도록 합니다. 결과는 방치가 아니라 바람직한 행동을 가르치는 것입니다. 그리고 그 과정은 어른의 통제적 지시에 의한 수동이 아닌 아동의 자기조절, 문제해결 기회 제공을 통해 스스로 적용하는 능동적 성장 과정 과정입니다.

✓아동의 행동을 공감, 수용한다면 더 버릇없어지지 않을까요?

- 아니요. 아동의 행동을 수용한다는 것은 '무조건 허용'이 아니라 아동의 감정과 욕구를 이해하고 공감하면서 바람직하지 않은 행동은 지도하고 가르치는 것을 의미합니다. 아동의 감정을 다뤄 주고 일관된 반응을 준다면, 아이는 안정된 정서를 가지고 상대 어른이 나를 이해해 준다는 신뢰를 가집니다. 그리고 신뢰하는 어른이 주는 지시를 받아들이고 따릅니다. 우리의 뇌는 정서적 안정이 될 때 스스로를 조절하고 대처기술을 생각하는 기능이 잘 작동합니다. 아동의 정서에는 반응적이면서 바람직한 행동은 가르칠 수 있습니다.

✓시간이 너무 오래 걸리는 건 아닐까요?

- 아니요. 강압적 태도로 문제 행동을 다뤘을 때 아동이 멈췄다고 생각하나요? 만일 어른의 강압적 제지가 계속되고 있다면 그것은 멈춘 것이 아닙니다. 단지 아동은 대상과 상황에 따른 식별학습을 배운 것입니다. 반응적 훈육 방법이 처음에는 다소 시간이 걸리는 것 같지만 장기적으로는 아동의 자기조절 능력과 문제 행동 감소로 인해 오히려 시간이 절약됩니다. 행동은 외적 동기가 아닌 내적 동기가 있을 때 지속적으로 유지될 수 있습니다. 자기가 스스로 조절할 때 궁극적인 변화가 일어납니다.

제3부

반응적 훈육 적용

STEP 1. **배경정보 기술하기**

STEP 2. **행동 규명하기**

STEP 3. **행동 관찰하기**

STEP 4. **행동 분석하기**

STEP 5. **반응적 훈육 계획하기**

STEP 6. **일상 적용 피드백 나누기**

[반응적 훈육 적용 사례 1] 친구를 괴롭히는 아동

[반응적 훈육 적용 사례 2] 규칙을 지키지 않는 아동

[반응적 훈육 적용 사례 3] 등원을 거부하는 아동

[반응적 훈육 적용 사례 4] 장난감을 던지는 아동

[반응적 훈육 적용 사례 5] 아빠와의 놀이에 짜증을 내는 아동

제3부 「반응적 훈육 적용」은 제1부에서 제시한 반응적 훈육의 개념적 기초와 실행 기준에 대한 이해를 토대로, 제2부에서 논의한 반응적 교수 방법에 근거하여 반응적 훈육 계획을 수립하고 구체적인 대처 전략을 실제 장면에 적용하는 과정을 다룬다.
선행 연구들(Mahoney & MacDonald, 2007; Pianta, 1999)에 따르면, 아동의 발달을 촉진하는 효과적인 훈육은 지시적 통제보다는 일과 중 반응적인 상호작용 속에서 이루어질 때 더 큰 효과를 발휘한다. 이러한 맥락에서 반응적 훈육은 발달심리학적 이론과 아동 행동 연구의 성과를 기반으로, 교사와 부모가 아동의 행동을 이해하고 발달을 지원하는 실천적 방법을 제공한다.

제3부는 반응적 훈육을 실제 현장에서 구현할 수 있도록 가이드북 형태로 구성되었으며, 일상 장면에서 성공적이고 용이한 적용을 위해 STEP 1에서 STEP 6까지의 6단계 절차로 체계화하였다. 그리고 각 단계별로 적용 가이드와 아동의 관찰 행동 유형에 따른 구체적 사례를 제시하여 현장 이해와 활용도를 높이고자 하였다.

교사와 부모는 제시된 절차에 따라 아동과 가족관계 맥락을 심층적으로 이해하고, 아동의 행동을 명확히 규명하며, 행동과 상황 맥락을 분석하여 훈육 계획을 수립할 수 있다. 그리고 이러한 계획을 반복적으로 일상에 적용할 때, 아동의 자기조절력과 협력적 행동이 증진될 것이며, 이는 반응적 훈육이 지향하는 교육의 일반화로 이어질 것이다.

STEP 1 배경정보 기술하기

아동의 연령, 발달수준, 가족 환경, 생활 맥락 등 기본적인 배경정보를 체계적으로 기록한다. 이는 문제 행동의 이해와 분석을 위한 기초 자료로서, 아동 행동을 전인적으로 이해하기 위해 중요한 출발점이 된다.

* 아동과 가족의 기본정보 및 배경 특성을 기록하세요.

항목	내용
아동 이름	
생년월일/연령	
성별	
관찰 기간	
관찰 환경 (가정/어린이집 등)	
가족 환경 (가족관계, 부모 양육 특이사항 등)	
아동의 발달특성 (행동 유형, 기질, 인지 및 의사소통 등)	※ 발달연령 포함
기타 사항	
※ 참고자료	※ 최근 발달검사 및 행동평가 자료 첨부

STEP 2 행동 규명하기

아동이 보이는 특정 행동이 단순한 발달적 특성인지, 아니면 지도가 필요한 문제 행동인지 명확히 구분한다. 이 과정에서는 행동의 빈도, 강도, 지속시간 등을 객관적으로 파악하는 것이 중요하다.

1) 일상을 방해하는 행동은 무엇인가? (구체적으로 기술)

2) 관찰 행동 규명하기 (단순행동으로 기술)

3) 문제 행동으로 정의할 것인가? (반응적 훈육 기준에 맞추어 기술)

- 현재 행동은 아동의 안전을 해치는가? (예 / 아니요)

- 가족 · 사회의 규칙에 벗어나는 행동인가? (예 / 아니요)

- 발달수준에 적합한가? (예 / 아니요)

➡ 분석:

STEP 3 행동 관찰하기

문제 행동이 나타나는 장면을 반복적으로 관찰하여 구체적으로 기록한다. 관찰은 선행 상황(Antecedent), 행동(Behavior), 반응 결과(Consequence)의 구조를 중심으로 이루어지며, 이를 통해 아동의 행동이 형성되는 메커니즘을 도출한다.

관찰 행동으로 규명한 행동을 일상의 자연스런 상황에서 약 10분 관찰하고 그 행동이 멈추거나 전환될 때까지 관찰된 전체 환경 맥락을 구체적으로 기록한다.

- 일상 중 관찰 행동을 10분 관찰하여, 발생 순서대로 기술한다.
- 관찰 행동의 발생빈도, 강도나 심각성을 기록한다.
- 관찰 행동이 발생할 때, 선행사건, 장소, 시간, 주변 환경을 주의하여 관찰 기록한다.
- 관찰 행동이 발생할 때, 뒤에 따라오는 주변 반응들과 어떤 보상이 있는지 주의하며 관찰 기록한다.

※일상 중 관찰 행동이 일어나는 상황을 관찰하고(약 10분) 전체 상황 맥락을 구체적으로 기술하세요.

※ 관찰 행동을 반복 관찰하여 기록하세요. (관찰 행동을 반복 관찰하여 관찰 유형과 선행 상황 및 주변 반응을 기록한다.)

날짜/시간	선행 상황(A)	관찰 행동 유형(B)	반응 결과(C)	행동의 심각성 (빈도, 강도 등)

STEP 4 행동 분석하기

관찰된 자료를 근거로 문제 행동이 발생하는 원인과 기능을 분석한다. 행동 분석은 상황적 맥락, 환경적 요인, 아동의 발달수준을 종합적으로 고려하여 이루어진다. 이를 통해 반응적 훈육의 방향성을 계획한다.

STEP 3의 관찰 행동의 일상 관찰 기술 내용을 근거로 행동(B)과 반응 결과(C) 그리고 선행 상황(A) 간 연합관계를 분석한다.

항목		내용
환경 맥락 분석[1]	선행 상황(A)	※관찰 행동 전 환경, 장소, 시기를 기술한다.
	관찰 행동(B)	※실제 관찰된 문제 행동을 기술한다.
	반응 결과(C)	※관찰 행동 후 일어난 반응들을 기술한다.
행동의 기능적 분석	반응의 효과[2]	※행동 후 반응을 통해 관찰 행동의 기능을 분석한다.
	행동의 원인	※행동의 발생 원인을 분석한다.
반응적 훈육 계획	목표	
	예방 전략[3]	
	반응 전략[4]	

1) 제5장 반응적 훈육 계획 2. 환경맥락 분석하기(pp. 90~92) 참조.
2) 제5장 반응적 훈육 계획 3. 유지요인 재조정하기(p. 95) 참조.
3) 제5장 반응적 훈육 계획 4. 예방 중심 환경 만들기(pp. 96~98) 참조.
4) 제5장 반응적 훈육 계획 5. 반응 전략 적용하기(pp. 99~103) 참조.

STEP 5 반응적 훈육 계획하기

분석 결과를 토대로 교사와 부모가 실행 가능한 반응 전략을 계획한다. 반응적 훈육 계획에는 반복되는 문제 행동에 대한 일관된 반응 전략 및 긍정적 대안 행동을 촉진하는 방법, 환경을 재조정하여 관찰 행동 유발 선행 상황을 조정하는 반응 전략이 포함된다.

1) 바람직하지 않은 관찰 행동(B)과 연합된 후속 반응(C)을 재조정한다.

행동 분석 결과, 관찰 행동 뒤에 따라오는 주변 반응이 아동에게 관심 끌기, 물건 얻기, 회피하기와 같은 보상의 효과가 있다면, 바람직하지 않은 관찰 행동에 대해 무관심 또는 무시 반응으로 잘못된 보상 효과를 제거한다. 그리고 일상에서 긍정반응의 기회를 늘려, 바람직한 행동에 긍정적 관심의 보상, 연합을 늘린다.

- 반응 전략: **관심 반응(C) 제거하기**

	선행 상황 (Antecedent)	행동 (Behavior)	반응 결과 (Response)
이전			
재조정			

2) 바람직하지 않은 관찰 행동(B)을 유발하는 선행 상황(A)을 조정한다.

행동 분석 결과, 관찰 행동의 원인이 아동이 발달적으로 미성숙하여 어른의 지시를 따르기에 불가능하거나 집중이 짧고 조절 능력의 부족으로 인한 행동표현이라면, 그러한 행동을 유발하는 요인을 제거하거나 환경을 재조정한다(예: 장난감을 여러 개 배치, 휴대폰을 보이지 않는 곳에 두기 등).

- 반응 전략: **바람직한 환경 조성하기**

	선행 상황 (Antecedent)	행동 (Behavior)	반응 결과 (Response)
이전			
재조정			

3) 바람직한 행동과 긍정반응(C)을 연합한다.

일상에서 자주 긍정반응을 하여 아동에게 바람직한 행동의 모델링을 설정하고 긍정적 관계를 형성한다. 일상에서 긍정반응은 성취적 수행에 대한 긍정반응에 국한하지 않고 사소한 일반적인 행동에 자주 즉각적으로 반응해 준다.

※ 몇 개(예: 밥 먹기, 씻기, 장난감 놀이 중 등) 아동의 행동을 정해 놓고 긍정반응을 기획해(예: 하루 다섯 번 긍정반응하기) 본다.

• 반응 전략: **일상에서 긍정행동 반응하기**

선행 상황 (Antecedent)	행동 (Behavior)	반응 결과 (Response)

4) 바람직한 행동을 유발하는 행동 범위(A)를 제안한다.

교사 또는 부모는 아동의 현재 발달수준을 이해하고 영유아가 할 수 있는 능력 범위 안에서 수행의 한계를 설정한다. 분명하고 명확한 한계선 안에서 아동이 선택할 기회를 준다.

조절이 가능한 아동은 사회규칙을 이해하고 집단생활을 위해 자신의 요구를 조정하고 타협할 수 있다. 사전에 무엇을 훈육받을지, 어떻게 행동하는 것이 바람직한지를 설정한다.
제한설정은 아동과 논의하며 절충안을 서로 협의하여 결정한다.
의사결정된 내용을 전달할 때는 아동과 눈을 맞추고 명확한 문장으로 전달한다. 주의할 점은 일방적으로 결정하고 통보하지 않도록 한다.

• 반응 전략: **행동 범위(A) 설정하기**

선행 상황 (Antecedent)	행동 (Behavior)	반응 결과 (Response)

STEP 6 일상 적용 피드백 나누기

수립된 계획을 일상 장면 속에서 반복적으로 적용하고, 실행 과정에서의 효과와 어려움을 피드백한다. 교사와 부모 간 협력적 피드백을 통해 전략을 수정 · 보완하며, 아동의 자기조절력과 사회적 협력 능력 향상을 지속적으로 지원한다.

일상에서 아동 행동을 관찰하고 STEP 5의 반응적 훈육 계획의 적용 상황을 기술한다.

1) 일상 적용 기록하기

언제/어디서 행동이 관찰되었는가?	날짜: 시간: 장소: 관찰 행동:
행동 전 상황은 어떠했는가?	
어떻게 반응하였는가?	
아이의 반응은 어떠했는가?	
어른은 어떻게 상호작용 했는가?	

2) 적용 피드백 나누기

항목	내용
긍정적 변화 (행동, 감정 등)	
어려움 또는 조정이 필요한 점	
교사/부모의 소감	
이후 계획	

[생각해 보기]

모든 칭찬은 긍정 효과인가

칭찬이 꼭 긍정반응이 아닐 수 있다. 바람직한 칭찬은 어떻게 하는가?

• 아동의 현재 수행을 그대로 기술해 준다.

아동의 수행에 대해 칭찬한다면 이것은 평가의 의미로 인식될 수 있다. 성취에 대해 "잘했어." 라고 한다면, 아동은 어른의 '잘했어'라는 수준의 행위를 연구하고 반복하려 할 것이다. 판단보다 아동이 현재 하고 있는 말 또는 행동에 대해 아동의 방식대로 "공 넣었어~" "2층이야~"라고 기술해 준다. 이것은 결과가 아닌 현재 과정을 격려하는 것이고 아동의 능동적 수행을 지원하고 증가시킨다.

• 칭찬할 때는 행위의 구체적 내용을 표현해 준다.

'잘했어' '좋아!' '멋져!' 등과 같이 포괄적이고 추상적으로 칭찬하기보다는 '선생님에게 인사해서.' '선생님을 도와줘서 고마워!'와 같이 행위의 구체적 내용을 표현해 주는 것이 좋다. 무엇을 잘해서 칭찬을 받는 것인지 인과적 사실을 구체적으로 묘사해 줄 때 아동은 진심으로 지지의 의미로 받아들일 수 있다.

• 칭찬은 칭찬받는 사람이 인식할 수 있도록 표현해 준다.

평소 말투보다 조금 더 활기 있게 표현할 때 아동은 더 잘 인식할 수 있다. 우리가 표현하는 평소 말, 칭찬의 말, 제안하는 말의 활기 수준이 차이가 있는가? 말은 듣는 상대가 이해할 수 있는 수준에 맞추어 전달할 때 진정한 소통으로서 의미가 있고 또한 상호 협력을 얻을 수 있다.

반응적 훈육 적용 사례 1

친구를 괴롭히는 아동

STEP 1 배경정보 기술하기

아동과 가족의 기본정보 및 배경정보를 기록한다.

항목	내용
아동 이름	홍길동
생년월일/연령	생활연령 3세 / 발달연령 2년 6개월 (※ K-CDI 아동발달검사[1] 결과)
성별	남아
관찰 환경 (가정/어린이집 등)	어린이집
가족 환경 (가족관계, 부모 양육 특이사항)	부모는 맞벌이 가정이며, 2세 여동생이 있다. 평소 엄마가 등원을 시키고 아빠가 하원을 맡고 있다. 부모는 매우 수용적인 양육 태도인데, 예를 들면 아이가 원하면 추운 겨울에도 민소매를 입혀 보내기도 한다.
아동의 발달특성 (행동 유형, 기질, 인지 및 의사소통 등)	길동이는 최근 어린이집에 잘 적응하고 즐겁게 생활하고 있으며 기본생활에서 스스로 할 수 있는 것을 시도하고 소근육 발달로 조작놀이가 가능하다. 친숙한 사람에게 한두 단어로 된 어휘를 사용하여 자신이 요구하는 것에 대해 언어를 사용한다. 새로운 장난감에는 호기심을 보이지만 주로 혼자놀이식이고 자신만의 방식으로 놀이를 한다. 질문이나 상황에 언어표현보다는 고개를 끄덕이거나, 손으로 가리키는 행동언어가 많다. 특정 자극에 몰입하는 경향이 있는데, 예를 들면, 놀잇감은 연두색 미니카에 학기 초부터 지금까지 집착하고, 특정 교사에게만 유독 애착이 심해서 그 교사가 눈앞에서 사라지면 불안해하거나 운다. 그리고 옷도 무지개색만 3개월째 입고 등원하고 있다.
기타 사항	※ 학기 초에 아동발달검사를 실시하였다.

1) K-CDI 아동발달검사 증보판(김정미 연구개발, 2024, 인싸이트): 15개월~6.5세까지 영유아의 사회성, 자조행동, 대근육운동, 소근육운동, 표현언어, 언어이해, 글자와 숫자 영역 그리고 전체 발달 영역에 대해 발달연령과 발달범위를 제시한다.

STEP 2 행동 규명하기

1) 일상을 방해하는 행동은 무엇인가? (구체적으로 기술)

- 교실에서 친구들이 노는 모습을 관찰하다가 자신이 좋아하는 초록 미니카를 가지고 노는 것을 발견하면 그 친구가 자리를 든 사이에 말없이 가져온다.

2) 관찰 행동 규명하기 (단순행동으로 기술)

- 친구의 물건을 가져간다.

3) 문제 행동으로 정의할 것인가? 반응적 훈육 기준에 부합하는가?

- 현재 행동은 아동의 안전을 해치는가? (예□, 아니요☑)
- 가족 · 사회의 규칙에 벗어나는 행등인가? (예☑, 아니요□)
- 발달수준에 적합한가? (예☑, 아니요□)

➡ 분석: 안전을 해치지는 않으나 단체생활의 규칙에 어긋나고 성숙적으로 친구를 인지하기는 하지만 다른 사람의 마음을 이해하기는 어렵다.

STEP 3 행동 관찰하기

일상 중 관찰 행동이 일어나는 상황을 관찰하고(약 10분) 전체 상황 맥락을 구체적으로 기술한다.

길동이는 친구들과 조금 떨어져서 혼자 놀이하고 있다. 혼자 놀이가 무료할 쯤 여전히 손에는 평소 좋아하는 초록색 미니카를 쥐고 있고, 친구들의 놀이를 둘러본다. 저쪽에서 친구가 자신이 가지고 있는 것과 유사한 초록 미니카를 노는 것을 주시하고 바라본다. 친구가 일어나 화장실에 간다.

길동이는 재빨리 달려가 친구의 초록 미니카를 집어 온다.

화장실을 다녀온 친구가 미니카가 없어짐을 알고 두리번거리며, "어? 내 미니카! 초록색 미니카가 없어졌어!"라고 징징대며 "선생님, 내 미니카가 없어졌어요!"라고 선생님을 부른다. 그리고 곧바로 길동이가 미니카를 가지고 있는 것을 보고 "선생님, 길동이가 가져갔어요."라고 말하며 길동이에게 가서 "줘."라며 빼앗으려 한다.

길동이는 품에 꼭 쥐고 다른 곳으로 이동한다. 친구는 울음을 보인다.

교사가 길동에게 다가가서 "길동아, 이거 누구 거지?"라고 묻자, 길동은 교사의 시선을 피해 등을 돌린다. 교사가 "친구가 먼저 놀이한 놀잇감 사용할 때는 친구에게 먼저 물어보는 거지?"라고 말하지만, 길동은 대답하지 않고 더 꼭 미니카를 쥔다. 교사는 몇 번 길동에게 친구에게 돌려주도록 요청하지만 실패하자, "길동아, 다음에는 친구에게 꼭 말하고 가져와야 해요."라고 말하고 친구에게 다른 초록색 미니카를 가져다준다.

길동이는 저쪽으로 가서 친구에게서 가져온 초록색 미니카를 혼자 굴리며 논다.

STEP 4 행동 분석하기

관찰 행동(B)과 행동 후 반응 결과(C) 그리고 선행 상황(A) 간 연합관계를 분석한다.

항목		내용
환경 맥락 분석	선행 상황 (A)	길동은 혼자 놀이하고 있다. 무료할 때쯤 주변을 살피며 친구들의 놀이를 지켜본다. 저쪽에서 친구가 초록 미니카를 노는 것을 주시하고 바라본다. 친구가 일어나 화장실에 간다.
	관찰 행동 (B)	친구의 초록 미니카를 집어 온다.
	반응 결과 (C)	1. 화장실을 다녀온 친구가 미니카가 없어짐을 알고 두리번거리며, “어? 내 미니카! 초록색 미니카가 없어졌어!”라고 징징대며 “선생님, 내 미니카가 없어졌어요!”라고 선생님을 부른다. 그리고 곧바로 길동이 미니카를 가지고 있는 것을 보고 “선생님, 길동이가 가져갔어요.”라고 말하며 길동에게 가서 “줘.”라며 빼앗으려 한다. 2. 길동은 품에 꼭 쥐고 다른 곳으로 이동한다. 친구는 울음을 보인다. 3. 교사가 길동에게 다가가서 “길동아, 이거 누구 거지?”라고 묻자, 길동은 교사의 시선을 피해 등을 돌린다. 교사가 “친구가 먼저 놀이한 놀잇감 사용할 때는 친구에게 먼저 물어보는 거지?”라고 말하지만, 길동은 대답하지 않고 더 꼭 미니카를 쥔다. 교사는 몇 번이나 길동에게 친구에게 돌려주도록 요청하지만 실패하자, “길동아, 다음에는 친구에게 꼭 말하고 가져와야 해요.”라고 말하고 친구에게 다른 초록색 미니카를 가져다준다. 4. 길동은 저쪽으로 가서 혼자 친구에게서 가져온 초록색 미니카를 굴리며 논다.
행동의 기능적 분석	반응의 효과	관심 끌기, 획득하기, 자기조절 능력 결여 교사는 길동이의 관찰 행동(친구의 장난감을 가져가기)이 일어날 때 다가가 행동을 중재한다. 그리고 친구의 물건을 양해 없이 가져갔지만, 그대로 유지하였다. 길동은 자신이 원하는 장난감을 얻었고, 그것을 유지할 수 있도록 교사가 대신 중재한 셈이다.

	행동의 원인	길동은 고립적 성향을 보이며 특정 자극에 대한 선호가 있다. 심심하거나 무료한 때 혼자놀이에 몰입한다. 자기중심적이고 타협과 공동활동이 어렵다.
반응적 훈육 계획	목표	사회적 상호작용을 증진하고 자기조절 능력을 키운다.
	예방 전략	길동의 성향적 특성을 이해한다. 길동이 좋아하는 특정 자극(예: 초록색, 자동차 종류 장난감)을 이해한다. 심심하거나 무료한 때를 살핀다.
	반응 전략	관심 제거하기: 교사가 다가가 먼저 행동을 중재하지 않는다. 획득 철회하기: 관찰 행동을 통해 자신이 좋아하는 특정 미니카를 얻는 것을 강화하지 않는다. 자기조절 능력 결여 이해하기: 특정 자극에 대한 선호를 수용한다.

STEP 5 반응적 훈육 계획하기

1) 바람직하지 않은 관심 반응 제거하기(C)

선행 상황 (Antecedent)	행동 (Behavior)	반응 결과 (Response)
자유놀이시간에 혼자 놀이한다. 친구가 자신이 좋아하는 초록색 미니카를 놀고 있는 것을 쳐다본다. 친구가 자리를 비운다.	친구의 초록 미니카를 가져온다.	교사는 길동에게 별 반응을 하지 않는다. (무반응) 친구에게 "길동이가 초록 미니카를 가져갔구나."하며 위로한다.

➡ 길동의 행동에 대한 교사의 반응이 '교사의 관심'이란 보상 효과를 줄 수 있으므로 교사는 길동의 행동에 반응하지 않는다.

2) 바람직한 환경 조성하기(A)

선행 상황 (Antecedent)	행동 (Behavior)	반응 결과 (Response)
자유놀이시간에 길동이 혼자 놀고 있다. 길동이 친구를 응시한다.	교사는 다가가 "길동이 자동차 놀이하고 있구나." 하며 길동이에게 관심을 준다.	길동은 다시 자동차를 굴린다. 교사는 길동 방식대로 자동차를 굴리며 상호작용한다.

➡ 길동의 관찰 행동이 일어나기 전에 적합한 반응을 하여 문제 행동 발생을 차단한다.

3) 일상에서 자주 긍정행동 반응하기(A)

선행 상황 (Antecedent)	행동 (Behavior)	반응 결과 (Response)
점심시간에	길동은 책상에 앉아서 조용히 급식판을 기다린다.	교사는 길동에게 다가가 "선생님이 맛있는 밥 줄게요." 하며 관심을 준다.
등원시간에 길동이 교실로 들어온다.	가방을 바닥에 내려놓는다.	"길동, 가방 내려놓았어요~." 하며 관심을 준다.

➡ 일상에서 사소한 작은 행동에 자주 긍정반응해 주어 신뢰관계를 쌓는다. 이때 정확한 행동을 제시하거나 수정하지 않는다.

반응적 훈육 적용 사례 2

규칙을 지키지 않는 아동

STEP 1 배경정보 기술하기

아동과 가족의 기본정보 및 배경 특성을 기록한다.

항목	내용
아동 이름	김영희
생년월일/연령	생활연령 만 4세 8개월 / 발달연령 18개월 (※ K-CDI 아동발달검사 결과)
성별	여아
관찰 환경 (가정/어린이집 등)	어린이집
가족 환경 (가족관계, 부모 양육 특이사항 등)	최근 이사를 했는데 같은 평수이지만 실 사용공간이 적어져 놀이공간도 협소해졌다고 한다. 실제로 큰 놀잇감(사다리, 암벽, 트램펄린 등)은 설치하지 못했다고 한다. 아빠, 엄마, 외할머니와 살고 있고 이모와 사촌 동생이 근처에 살고 있어 왕래가 많은 편이다.
아동의 발달특성 (행동 유형, 기질, 인지 의사소통 등)	전반적 발달 지연으로 특수교육대상자로 선정받아 유치원 특수학급에 다니고 있다. 다양한 쓰기 도구로 끄적이기를 좋아하며 특히 초록색 등 선호하는 색이 있다. 사용 후 정리도 가능하다.
기타 사항	※ 학기 초 K-CDI와 K-TABS 발달검사[1]를 실시하고 부모상담을 실시하였다.

1) K-TABS 한국판 영유아 기질 및 비전형 행동 척도 개정판(김정미 연구개발, 2022, 인싸이트): 만 1~6세 영유아를 대상으로 적용하며 5개 하위요인 고립행동, 과민감성, 과활동성, 저반응성, 자기조절과 전체 기질 및 자기조절지표(TRI) 점수와 각 수준을 제시한다.

STEP 2 행동 규명하기

1) 일상을 방해하는 행동은 무엇인가? (구체적으로 기술)

• 로션, 바디워시, 클렌징폼 등 엄마나 아빠가 쓰는 액체류의 뚜껑을 열고 바닥에 뿌린다. 주로 꽉 차 있는 내용물을 아는 듯 바닥에 부어 버린다.

2) 관찰 행동 규명하기 (단순행동으로 기술)

• 통에 들어 있는 화장품을 바닥에 뿌린다.

3) 문제 행동으로 정의할 것인가? 반응적 훈육 기준에 부합하는가?

• 현재 행동은 아동의 안전을 해치는가? (☑예, □아니요)

➡ 아동이 쏟는 액체류는 화장품이나 비누 성질이 있어서 밟으면 미끄러워서 넘어질 위험이 있다.

• 가족 · 사회의 규칙에 벗어나는 행동인가? (☑예, □아니요)

➡ 비누류를 바닥에 붓는 것은 사회적으로 일반적이지 않다.

• 발달수준에 적합한가? (☑예, □아니요)

➡ 발달수준에서 볼 때 아동은 놀이로 즐기고 있다.

➡ 분석: 아동은 특정 자극을 좋아한다. 심심하거나 무료한 때에 혼자놀이에 몰입하기도 한다. 아동은 현재 발달수준에서 자기 놀이를 즐기고 있으므로 문제 행동으로 규명할 수는 없겠다. 단, 안전하고 바람직하게 조정될 필요가 있다.

STEP 3 행동 관찰하기

일상 중 관찰 행동이 일어나는 상황을 관찰하고(약 10분) 전체 상황 맥락을 구체적으로 기술한다.

관찰 1 엄마가 저녁에 화장실에 들어가 세수를 하고 나온 사이 지연이는 엄마의 행동을 보고 화장실로 들어가 **엄마가 쓰던 클렌징폼의 뚜껑을 열고 바닥에 뿌린다.** 새로 산 것이라 내용물이 가득 차 있었다.

엄마가 돌아와서 큰 소리로 "이게 뭐야!"라고 소리친다.

아이는 웃으며 더 뿌린다. 미끄러워서 넘어진다.
엄마는 깜짝 놀라서 "그렇게 하면 다치는 거야."라고 말한다.
아동은 울지 않고 즐거워한다.
엄마는 아이를 욕조에 들어 올려 놓고 물로 아이를 씻겨 안아 들고 화장실 밖으로 나온다.
아동은 아무 일도 없었던 것처럼 다른 놀잇감을 가지고 논다.

관찰 2 엄마는 저녁식사 준비를 하고 외할머니에게 아이를 봐달라고 한다. 외할머니가 아이를 보다가 잠깐 다른 용무를 보기 위해 이동한다.
아이는 **엄마의 로션 뚜껑을 열고 이불 위에 뿌리며 웃는다.**

엄마는 아이의 웃는 소리를 듣고 달려가 아이를 보며 큰 소리로 "야, 이게 뭐야!"라고 혼을 낸다.
아이는 뿌리는 것을 멈추고 엄마를 보며 웃는다.
엄마는 이불을 치우며 아이에게 "이렇게 하면 안 돼!"라고 큰 소리로 말한다.
아이는 계속 웃는다.
엄마는 더 이상 야단치지 않고 이불을 들어 세탁기에 넣고 저녁식사 준비를 계속한다.
아이는 다른 놀잇감으로 이동하여 혼자 놀이를 한다.

STEP 4 행동 분석하기

행동(B)과 행동 후 반응 결과(C) 그리고 선행 상황(A) 간 연합관계를 분석한다.

항목		내용
환경 맥락 분석	선행 상황(A)	엄마가 저녁에 화장실에서 세수를 마치고 밖으로 나온다.
	관찰 행동(B)	엄마가 쓰던 클렌징폼 뚜껑을 열고 바닥에 붓는다.
	반응 결과(C)	엄마: 달려와 "이게 무슨 일이야."라고 소리친다. 아이: (엄마를 보고 웃으며 계속 쏟는다.) 엄마: "그렇게 하면 위험해."라고 소리친다. 아이: (웃으며 놀다가 넘어진다.) 엄마: "그것 봐 넘어지잖아."라고 말한다. 아이: (울지 않고 가만히 있는다.) 엄마: (엄마는 아이를 들어 욕조에서 씻겨 주고 욕실을 나온다.) 아이: (다른 놀잇감을 가지고 논다.)
행동의 기능적 분석	반응의 효과	관심 끌기, 자기자극 놀이, 자기조절 능력 결여 아동이 하는 우연한 행동 또는 감각자극 행동에 주변의 극적반응이 부가적인 영향을 미치고 있다.
	행동의 원인	아동의 발달기능 수준에서 아동의 이해가 필요하겠다.
반응적 훈육 계획	목표	적합한 놀잇감을 이용하여 액체 놀이를 한다.
	예방 전략	쏟으면 안 되는 액체류는 아이 손에 닿지 않도록 치운다. 놀이할 수 있는 액체류를 준비하고 쏟으면서 할 수 있는 놀이를 함께한다. 미리 정해진 장소에서 액체 놀이를 할 수 있도록 제한한다. 아동이 좋아하는 특정 자극을 이해한다. 심심한 때나 무료한 때를 살핀다.
	반응 전략	액체를 바닥에 부을 때 관심 반응을 제거한다. 다른 곳으로 전환한다. 평소에 아동이 받아들일 만한 행동 또는 놀이를 할 때 즉각적으로 긍정 피드백한다.

STEP 5 반응적 훈육 계획하기

1) 바람직하지 않은 관심 반응 제거하기(C)

선행 상황 (Antecedent)	행동 (Behavior)	반응 결과 (Response)
엄마의 뒤를 따라 화장실에 들어간다.	액체류를 쏟는다.	별 반응 없이 정리한다.

2) 바람직한 환경 조성하기(A)

선행 상황 (Antecedent)	행동 (Behavior)	반응 결과 (Response)
엄마가 다른 곳으로 이동해야 할 때 아빠에게 아동과 상호작용하고 기다려 주기를 제안한다.	물을 쏟으면서 놀이한다.	아동이 하는 방식대로 함께 놀이한다.
쏟으면 안 되는 액체류는 아이 손에 닿지 않도록 치운다.		
물놀이 통과 그릇(혹은 장난감) 등을 준비해 둔다.		

3) 일상에서 긍정행동 반응하기(A)

선행사건 (Antecedent)	행동 (Behavior)	반응 결과 (Response)
거실에 혼자 앉아서	그림 그리기를 한다.	"그림 그리고 있어~."라고 말하며 가까이 간다. 아동이 하는 정도의 끄적이기를 그대로 따라 한다.
저녁식사를 하고 난 뒤	돌아다니며 '아' '아' 소리를 낸다.	아동의 소리에 그대로 '아~' 하며 따라 반응한다.

반응적 훈육 적용 사례 3

등원을 거부하는 아동

STEP 1 배경정보 기술하기

아동과 가족의 기본정보 및 배경 특성을 기록한다.

항목	내용
아동 이름	이수영
생년월일/연령	생활연령 4년 9개월 / 발달연령 약 3세 (※ K-CDI 아동발달검사 결과)
성별	여아
관찰 기간	일주일
관찰 환경 (가정/어린이집 등)	가정
가족 환경 (가족관계, 부모 양육 특이사항 등)	출생 후 15개월까지는 부모와 함께 생활하였으며, 그 후 18개월 때부터는 직장 상황으로 부모는 서울에서 거주하고 아동은 부산 할머니 집에 거주하였다. 엄마와 아빠와는 주말에 만났으며, 아동 월령이 2년 9개월 때 아동은 다시 서울로 돌아와서 부모와 거주하게 되었다. 현재는 엄마가 퇴사하여 육아를 전담하고 있다.
아동의 발달특성 (행동 유형, 기질, 인지 의사소통 등)	스스로 해 보려고 하는 의지는 강하나, 조금이라도 불안하거나 뜻대로 되지 않으면, 울기, 떼쓰기, 소리 지르기 등 감정 조절에 어려움을 보인다. 최근 또래 친구들에게 많은 관심을 보이나, 친구들과 대화를 하거나 친구의 질문에 반응하는 비율은 30~50% 정도이다. 친구들과의 놀이에서 자신이 원하는 장소나 시간이 아니라면 울거나 친구를 때리는 행동을 보이며, 자신이 잘못한 행동에 대해서 사과하는 것을 특히 어려워한다. 사과를 해야 한다고 알려 주면 여러 핑계를 대고 울면서 회피한다. 전반적으로 다른 사람과 상대할 때 눈맞춤 하지 않는다.
기타	※ 최근 발달검사 및 행동평가 자료

STEP 2 행동 규명하기

1) 일상을 방해하는 행동은 무엇인가? (구체적으로 기술)

울고 소리를 지른다.

① 주중: 1일 1회 정도 발생하며, 주로 유치원 등원 준비 시간에 발생함. 등원 준비 시 떼쓰기의 사유는 등원거부(엄마와 떨어지기 싫어서, 다리가 아파서, 몸에 힘이 없어서)로 보인다.

② 주말: 1일 1~2회 발생하며, 특히 외부에서 타인과 함께 움직이고, 행동해야 할 때 발생한다.

2) 관찰 행동 규명하기 (단순행동으로 기술)

- 소리 지르며 5분 이상 울기

3) 문제 행동으로 정의할 것인가? 반응적 훈육 기준에 부합하는가?

- 현재 행동은 아동의 안전을 해치는가? (예☑, 아니요□)

우는 행동이 아동에게 신체적 하를 끼치지는 않는다. 단, 정서적 불안이 지속될 수 있다.

- 가족 · 사회의 규칙에 벗어나는 행동인가? (예□, 아니요☑)

우는 행동은 사회적 규범에 벗어나서 제재되어야 하는 정도는 아니다.

- 발달수준에 적합한가? (예☑, 아니요□)

현재 아동의 발달 연령과 정서 상태에서 보면 그럴 수 있다.

➡ 분석: 안전에 문제가 되거나 발달에 부적합하지는 않으나 지속될 경우 아동의 심리적 안정 면에서 걱정이 된다. 아동의 현재 정서 상태를 이해하고 적합한 환경 설정과 반응을 계획해야겠다.

STEP 3 행동 관찰하기

일상 중 관찰 행동이 일어나는 상황을 관찰하고(약 10분) 전체 상황 맥락을 구체적으로 기술한다.

(아침에 일어나서 엄마, 아빠와 침대에 누워 몸 놀이를 한다.)
엄마: 수영아, 우리 이제 일어나서 등원 준비하자.
수영: 싫어. 나 엄마 아빠하고 이렇게 집에 있을 거야. 집에 있고 싶어~
아빠: 수영아, 아빠도 이제 회사 가야 해.
엄마: 수영아, 엄마도 나가야 하니까 우리 우유 먹고 얼른 준비하자.
수영: (침대에서 아빠랑 우유를 마시그, 방을 나옴. 엄마와 옷을 갈아입은 후, 수영이는 혼자 식탁에서 머리끈과 머리핀을 상자에서 꺼내 분류한다.)
엄마: 수영아, 이제 양치하고 세수하그 가야 하는데.
수영: 아, 엄마. 근데 저 이거 정리하그 있어요. 정리하는 건 중요해요.
엄마: 중요하구나. 엄마는 3분 뒤에 나갈 거야. 여기 시계 보이지? 1, 2, 3. 3으로 숫자가 바뀌면 갈 거야.
수영: (식탁 의자에서 내려오며) 나 이제 정리 다했어요.
(울먹거리며 양치하러 화장실에 들어간다.)
수영: 크게 소리치면서 운다.
수영: 시간은 계속 가는데 나는 잘 안돼~ 나 놓고 가는 거야?
엄마: 아니야. 엄마는 수영이 기다리고 있어.
수영: (소리 지르며 계속 울면서) 엄마 혼자 가면 어떻게 해?
엄마: 엄마는 수영이랑 같이 갈 거다.
수영: (소리 지르며 계속 운다.) 아~~ 잘 안돼~~~
(엄마는 등원 물건 챙기면서 반응하지 않는다. 울음을 그치고 혼자 양치하기 시작한다.)
수영: (갑자기 소리 지르며 운다.) 아~~ 엄마 나 실수했어. 도와줘.
(엄마가 화장실로 오니 주저앉으며) 으앙~~~ 하기 힘들어.

엄마: 힘들었어. 이제 양치 그만해도 돼.

수영: (한 손으로 엄마 손을 잡고, 다른 손으로 마저 양치하며 마무리한다. 울음을 그치고 화장실 밖으로 나온다.)

엄마: 수영아, 세수는 했어?

수영: (다시 크게 울며) 세수하기 싫어! 로션 바르면 사랑이 다 떨어져. 몸을 힘들게 만들어. 그냥 안 하고 엄마랑 유치원에 갈래.

엄마: 알겠어. 그냥 가자.

수영: (울면서) 으앙~~~~ 엄마가 발라 줘. 엄마 사랑 마법이 안 통해.

엄마: 이제 준비됐어?

수영: 아니. (머리를 도리도리 흔든다.) 엄마랑 같이 있고 싶어. (울음을 그치고) 엄마, 이제 1, 2, 3 됐어?

엄마: 지금 '7'이 돼 버렸어. 괜찮아. 우리 이제 가자.

STEP 4 행동 분석하기

관찰 행동(B)과 행동 후 반응 결과(C) 그리고 선행 상황(A) 간 연합관계를 분석한다.

항목		내용
환경 맥락 분석	선행 상황(A)	엄마는 3분 뒤에 나갈 거예요. 여기 시계 보이지? 1, 2, 3. 3으로 숫자가 바뀌면 갈 거야.
	관찰 행동(B)	소리 지르며 운다.
	반응 결과(C)	시간은 계속 가는데 나는 잘 안돼~ 나 놓고 가는 거야? 아니야. 엄마는 수영이 기다리고 있어. 엄마는 수영이랑 같이 갈 거야. 힘들었어. 이제 양치 그간해도 돼. 수영아, 세수는 했어? 알겠어. 그냥 가자. 이제 준비됐어? 지금 '7'이 돼 버렸네. 괜찮아. 우리 가자.
행동의 기능적 분석	반응의 효과	관심 끌기, 획득하기, 회피하기 아침에 기상하고 침대에서 놀이가 재미있어서 씻는 것으로 전환이 어렵다. 아동이 울 때 엄마는 씻기를 철회하고 놀이시간을 연장하며 아동은 자신의 감정조절의 시간을 확보한다. 우는 상태에서 엄마의 관심을 집중시키고 놀이시간을 더 얻게 된다. 울면서 시간을 지체함으로써 다음 일을 하지 않아도 되므로 회피할 수 있다.
	행동의 원인	엄마의 제한 설정은 아동의 불안을 더 높이고 조절력을 낮춘다. 아동의 부적절한 행동(우는 행동)이 오히려 자신이 싫은 것을 회피하게 하고 부적절한 대처하는 방법을 조장하고 있다. 엄마가 등원 준비 중에 "3분 뒤에 나갈 거예요."라는 말을 기점으로 불안감이 증폭되어, 소리 지르며 울기가 시작된다.

<table>
<tr><td rowspan="3">반응적
훈육 계획</td><td>목표</td><td>아동의 울음이 줄고 침대에서 일어나 옷 입고 씻고 즐겁게 등원한다.</td></tr>
<tr><td>예방 전략</td><td>아동의 성향을 이해하고 (상황에 대한 초조, 불안) 안정할 수 있도록 환경을 설정한다.
예: 1. 긍정반응(아이의 현 상태를 그대로 인정하는 말)
2. 앞일에 대해 미리 제안하지 않음(불안 조장) *일어나지 않을 일/과거 일 언급하지 않기</td></tr>
<tr><td>반응 전략</td><td>아동의 바람직하지 않은 행동에 무관심하게 반응한다.
아침에 일어나서 일어날 일에 대해 전날 밤 잠자리에 들기 전에 이야기하여 행동 범위를 미리 알도록 한다.
일상에서 자주 아동의 바람직한 행동에 반응한다.</td></tr>
</table>

STEP 5 반응적 훈육 계획하기

1) 바람직하지 않은 관심 반응 제거하기(C)

선행 상황 (Antecendent)	행동 (Behavior)	반응 결과 (Response)
"우리 일어나서 등원 준비하자." "아빠도 이제 회사 가야 해." "엄마도 나가야 하니까 우리 우유 먹고 얼른 준비하자."	"싫어, 집에 있고 싶어."라고 말하며 짜증을 낸다.	즉각적 반응보다 조금 무덤덤하게 "집에 있고 싶어~"라고 반영해 준다.
"엄마는 3분 뒤에 나갈 거예요. 여기 시계 보이지? 1, 2, 3. 3으로 숫자가 바뀌면 갈 거야."	소리 지르며 운다.	무덤덤한 표정으로 즉각적으로는 아무 반응하지 않는다.

2) 바람직한 환경 조성하기(A)

선행사건 (Antecendent)	행동 (Behavior)	반응 결과 (Response)
기상 시, 빠르고 자연스러운 전환을 유도한다. 기상 후 침대에서 진행하는 놀이를 짧게 하고 놀이 주제를 이어가며 장소를 부엌으로 이동한다.	수영이가 부엌으로 따라온다.	엄마는 "수영이 왔어~ 수영아, 마법물(우유)이 여기 있어."라고 재미있게 말한다. 아동은 "마법물? 그래? 마셔 볼래!"라고 이야기한다.
시간에 쫓겨 서두르거나 윽박을 지르며 늦는다는 불안한 상황이 조성되지 않도록 기상 시간을 30분 일찍 조정한다. 양치질과 세수를 할 때(아동이 기피하는 활동) 짜증을 낸다.	"하기 싫어."라고 말한다.	엄마는 "하기 싫어~" 말놀이를 한다. (판단하거나 의미해석하여, 꾸지람하거나 질책하지 않는다) 아동은 "응, 하기 싫어."라고 반응하고 엄마는 그대로 "하기 싫어."라고 반복해서 반영한다.

3) 일상에서 자주 긍정행동 반응하기(A)

선행 상황 (Antecendent)	행동 (Behavior)	반응 결과 (Response)
거실 놀이 책상에서	색종이와 색연필을 이용하여 미술 놀이를 한다.	"수영이 종이 접고 있구나~" 하며 관심을 표현한다.
거실 책장 앞에서	책을 읽고 있다.	"수영이 책 읽고 있구나~" 하며 관심을 표현한다.
거실에서 부엌으로	음식 준비하고 있는 엄마를 향해 달려온다.	"수영이 왔어~" 하며 관심을 표현한다.
엄마가 운전하는 차 안에서	뒷자리에 앉아 창밖을 보고 있다.	"수영이, 밖을 보고 있구나~" 하며 관심을 표현한다.
아빠와 함께 거실에서	텔레비전을 보고 있다.	"수영이 아빠랑 TV 보는구나~" 하며 관심을 표현한다.

4) 행동 범위 설정하기(A)

선행 상황 (Antecendent)	행동 (Behavior)	반응 결과 (Response)
잠들기 전, 다음 날 아침 일어나서 할 일과 순서에 대해서 엄마와 수영이가 이야기를 나눈다. 아침에 기상 시, 일어나자마자 바로 "씻으러 가자."라고 말하며 침대에서 일어난다.	"알겠어."라며 씻으러 간다.	엄마는 "수영이 씻으러 왔어~"라고 반응하고 다 씻었을 때, 자, "다 씻었으니까 종이접기 하자."라며 엄마가 먼저 종이접기를 권한다.
등원 준비를 끝내야 하는 시간에 대해서 이야기하며 협의한다. 8시 30분에 해당하는 짧은 바늘, 긴 바늘 위치를 스티커로 표시해 둔다.	"알겠어. 이제 유치원 가야겠다." 라고 말한다.	
엄마는 "수영아, 긴 바늘이 이제 1에 있네."라고 말하며 기다려 준다. 아동은 시계를 확인한다. 엄마는 "수영아, 긴 바늘이 이제 4에 있네."라고 말하며 기다려 준다.	수영이와 준비하는 중간에 바늘의 위치를 확인한다.	엄마는 "그래, 가자."라고 재미있게 말하며 수영이 손을 잡고 집을 나온다.

STEP 6 일상 적용 피드백 나누기

일상에서 아동 행동을 관찰하고 반응적 훈육 계획의 적용 상황을 기술한다.

1) 일상 적용 기록하기

언제/어디서 행동이 관찰되었는가?	오전 등원 준비 시(7:30~8:30)/집에서
어떻게 반응하였는가?	✓ 여유롭게 등원 준비를 할 수 있도록 기상시간을 앞당겼으며, 7:30에 자연스럽게 일어날 수 있도록 취침시간을 8:30으로 조정하였다. (➡ 환경조정하기) ✓ 기상 시, 눈맞춤 미소 짓기로 긍정적 반응하고, 즉각적으로 침대 밖으로 나올 수 있도록, 관심을 가지고 있는 동화책 이야기 속의 '그림자 찾으러 가기' '마법물약 구하기' 등의 소재로 놀이처럼 진행하였다. (➡ 환경조정하기) ✓ 수영이가 꺼리는 활동(양치하기)으로 잘 전환되기 위해, 양치(바람직한 행동) 후 좋아하는 활동인 그림 그리기(좋아하는 자극)를 진행하였다. (➡ 일상에서 자주 긍정반응하기) ✓ 양치하기 전 수영이가 "싫어" "재미없어" 등의 부정 언어로 표현하는 것에 무덤덤하게 "싫어~" "재미없어~"라고 반응한다. (➡ 관심 끌기 기능 제거하기) ✓ 일상에서 수영이에게 1일 최대 열 번 정도의 사소한 행동에 즉각 반응하며 '일상에서 긍정반응하기'를 적용하였다('엄마한테 달려오네' '책 읽고 있어~' '창밖 보고 있네' '사과 먹고 있네' 등). (➡ 일상에서 자주 긍정반응하기) ➡ 수영이의 행동에 즉각 반응하며 말놀이(vocal play)로 관계를 유지하지만, 수영의 부적합한 행동에 의미는 두지 않았더니 관찰 행동(소리 지르며 울기)이 줄었다.

아이의 반응은 어떠했는가?	✓양치 전 '싫어' '귀찮아'라는 말에 엄마의 반응이 무덤덤하니, 그 말을 반복하지 않고 엄마가 있는 화장실로 곧 들어와서 양치 준비를 하였다. (➡ 잘못된 행동으로 관심 끌기 차단) ✓양치 시 자신이 만든 노래와 동작을 엄마와 같이하고 웃으면서 혼자서 양치질을 끝냈다. 또한 양치 후 좋아하는 그림활동을 하고 바로 유치원으로 가기 위해 신발장으로 가는 루틴을 만들어서 양치 거부 시간이 줄어들었다. 엄마가 다음 행동을 요구하는 것에 "알겠어."라고 대답하는 비율이 많아졌다. (➡ 행동 범위 설정하기) ✓일상에서 긍정반응을 자주 해 줌으로써 수영은 "엄마가 부드럽게 말해서 좋아."라는 피드백을 하였고, 시간에 쫓기지 않으니 편안한 마음으로 등원준비를 하고, 엄마의 요구에 오히려 쉽게 협력하며 유치원에 즐겁게 등원하였다. 실갱이하는 시간이 줄어서 등원이 쉬워졌다.
어떻게 상호작용 했는가?	✓양치 시, 수영이 하는 노래나 동작에 "시간 없어."라고 하지 않고, 같이 노래하고 즐기니 시간이 짧아졌고, 아이도 양치시간을 즐기는 것 같다. ✓수영이 감정조절이 개선되면서 엄마 또한 수영과의 관계에서 편안함을 느끼고 두렵지 않았다. ✓수영은 화를 낸 후, "화가 나면 어떻게 해야 할지 모르겠다."라는 이야기를 하고 감정조절을 어려워했었는데, 엄마에게 '내가 화나 짜증 날 때, 엄마가 안아 주면 좀 괜찮아질 것 같아.'라고 스스로 마음을 안정시키는 방법을 알려 주니 내가 어떻게 해야 할지 편해졌다. ➡ 수영의 부정 반응에는 무덤덤하게, 그 외는 긍정적으로 즉각적으로 자주 반응함으로써 수영과의 신뢰관계가 더욱 두터워진 것 같다. 신뢰가 쌓이니 전환과 조절이 이렇게 쉬워진다는 것을 깨달았다.

2) 적용 피드백 나누기

항목	내용
긍정적 변화 (행동, 감정 등)	어머니의 자기효능감 증진, 양육스트레스가 감소하였다. 아동의 자기조절력과 문제해결력이 증진하였다. 아동의 협력이 증가하였다.
어려움 또는 조정이 필요한 점	생활루틴 변경이 필요하였다. (예: 옷을 먼저 입고 아침을 먹고 씻고 등원하는 루틴을 먼저 씻고 먹고 옷을 입는 순서로 변경)
교사/부모의 소감	아동을 아동의 입장에서 이해하고 수용하니 정말로 아동이 조절력을 보였다. 자기조절력의 기반이 신뢰관계임을 다시 느꼈다. 아침시간이 두렵지 않게 되었다. 처음으로 행복한 아침시간을 보내고 있다.
이후 계획	이대로 유지하도록 노력하겠다.

반응적 훈육 적용 사례 4

장난감을 던지는 아동

STEP 1 배경정보 기술하기

아동과 가족의 기본정보 및 배경 특성을 기록한다.

항목	내용
아동 이름	백두산
생년월일/연령	2021. 11. 1. / 4세 3개월
성별	남아
관찰 기간	1개월
관찰환경 (가정/어린이집 등)	발달센터
가족환경 (가족관계, 부모 양육 특이사항 등)	가족관계: 부, 모, 여동생 모: 인지적이며, 일상에서 일과수행을 중요하게 생각하며 해야 할 것을 빠르게 처리하는 편이다. 안정적인 일상을 선호한다. 아동이 인지적 발달이 빨라 혼자서 잘 논다고 생각하며 방해받는 것을 싫어하는 아이 성향을 수용하며 아이만의 놀이공간에서 독립적으로 놀이할 수 있도록 하고 있다. 부: 정서적, 수용적 아동의 사회성발달을 인지하지 못하며, 크면 좋아진다고 생각하다가, 최근 아동의 발달수준을 인식하고 양육에 협력하고 있다고 하였다. 여동생(2살): 사회적 상호작용에 대한 욕구가 크고, 오빠가 하는 것을 따라 하고 싶어 한다.
아동의 발달특성 (행동 유형, 기질, 인지 및 의사소통)	전반적인 발달은 정상 범주이나, 사회성(또래관계 어려움)과 주의집중의 어려움, 매우 높은 충동성 및 자기조절의 어려움이 있다. 새로운 것에 대한 호기심, 즉각적인 요구수용 욕구가 높고, 대화 시, 대화상대자와 눈맞춤 없이 언어적 요구만 반복한다. 또래 및 타인에 대한 관심, 주변 상황에 대한 인식이 낮으며, 자신이 좋아하는 것에는 높은 집중력을 발휘하고 흥미 있어 하는 책은 바른 자세로 1시간 이상 집중해서 듣고, 기억할 수 있다.

※어린이집 교사 보고: 언어이해 및 언어표현은 정상수준으로 보이나 눈맞춤이 어렵고, 자신만의 세계데 빠져 있는 듯한 자기놀이가 자주 관찰된다.
상황에 맞지 않는 자기중심적인 말 사용이 흔히 관찰된다. 교사는 경계성 자폐가 의심된다고 보고하였다.

참고자료
(발달검사 결과)

1) K-CDI 아동발달검사

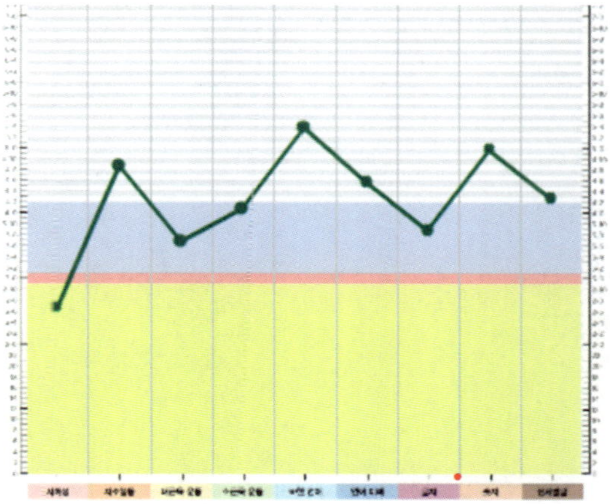

	사회성	자조 행동	대근육 운동	소근육 운동	표현 언어	언어 이해	글자	숫자	전체 발달
연령	2-7	4-9	3-7	4-1	5-4	4-6	3-9	5-0	4-3
수준	지연	정상	정상	정상	정상	정상	정상	정상	정상

2) K-TABS 영유아 기질 및 비전형 행동척도

	고립행동	과민감성	과활동성	저반응성	조절행동	TRI점수
원점수	3	4	7	0	2	16
수준	잠재위험	잠재위험	비전형	정상	비전형	비전형

3) CIBT 아동상호작용 검사[1)]

	사회적 상호작용	주도적 상호작용	의도적 상호작용	정서적 상호작용	전체점수
T점수	48	45	60	48	50
수준	보통	보통	높음	보통	보통

1) CIBT 아동상호작용 검사(김정미 연구개발, 2019, 인싸이트): 만 1~6세 영유아의 사회적 상호작용, 주도적 상호작용, 의도적 상호작용, 정서적 상호작용과 전체 점수 및 각 수준을 제시한다.

➡ 아동발달검사 결과, 아동은 전체발달은 정상범주이고 언어발달도 정상범주에 속하지만 K-CDI의 사회성과 언어이해 및 K-TABS의 고립행동과 기질 및 자기조절지표(TRI) 수준을 볼 때, 또래와의 사회적 관계 형성에 어려움이 있고, 고립적일 수 있겠다.

STEP 2 행동 규명하기

1) 일상을 방해하는 행동은 무엇인가? (구체적으로 기술)

- 치료실에 들어와서 엄마와 치료사가 이야기하는 중에 선반 위에 있는 장난감을 꺼내고자 아래 칸을 딛고 올라가 위에 있는 장난감을 아래로 던져 내린다. 부서질 듯할 정도로 세게 아래로 향해 던진다.

2) 관찰 행동 규명하기 (단순행동으로 기술)

- 물건(장난감)을 던진다.

3) 문제 행동으로 정의할 것인가? 반응적 훈육 기준에 부합하는가?

- 현재 행동은 아동의 안전을 해치는가? (예☑, 아니요□)
  던지는 것은 타인의 안전을 위협한다.

- 가족 · 사회의 규칙에 벗어나는 행동인가? (예☑, 아니요□)
  물건을 던지는 것은 가족 · 사회 규칙에 벗어날 수 있다.

- 발달수준에 적합한가? (예□, 아니오☑)
  아동의 발달적 수준에 적합하지는 않다.

➡ 분석:

아동은 자신의 욕구를 즉각적이고 충동적으로 해소하고 싶어 하지만, 자신의 발달수준에 적합한 방식으로 이뤄지고 있지 않다. 아동이 가진 인지, 언어 수준에서 충분히 표현할 수 있지만, 적합한 방식을 선택하지 못하고, 자기조절의 어려움 등으로 문제 행동이 나타나고 있다.

STEP 3 행동 관찰하기

일상 중 관찰 행동이 일어나는 상황을 관찰하고(약 10분) 전체 상황 맥락을 구체적으로 기술한다.

모와 아동이 중재를 위해 놀이실에 입실한다.

중재사: "두산아, 선생님이랑 엄마랑 얘기 좀 할게, 두산이는 조금 놀아~"라고 말하고 모와 이야기를 나눈다.

아 동: 놀이실을 이곳저곳 보다가 책장 위에 있는 보드게임을 쳐다본다.
웃으며 옆에 있는 스펀지 계단을 밀고 온다. "영차영차"

중재사: 아동이 스펀지 계단을 밀며 '영차영차' 소리 낼 때, 소리를 따라 '영차영차' 반응해 준다.

아 동: 스펀지 계단 위에 올라가, 제일 위에 있던 보드게임을 들고 잠시 쳐다보다가 던진다.

중재사: 아무 반응하지 않고 무시한다.

아 동: 두 번째 보드게임을 들고, 바닥을 힐끗 쳐다보며 던진다. 요란한 소리를 내며 떨어지고 아동은 무표정하다.

중재사: 아무 반응하지 않고, 무시하며 옆에 있는다.

아 동: 세 번째 보드게임을 들고 바닥을 향해 힘껏 던진다. 보드게임이 부서지듯 큰 소리를 내며 바닥에 떨어지는 것을 쳐다본다.

중재사: 아무 반응하지 않고, 무시하며 옆에 있는다.

아 동: 네 번째 보드게임을 잡고 웃는다. 보드게임 통을 흔들며 계단을 뛰듯이 내려온다.

중재사: 아동을 따라 웃으며 반응해 준다.

아 동: 바닥에 보드게임을 던지듯이 놓고, 게임 속 카드를 꺼내며 "내가 좋아하는 거잖아."라고 말한다.

중재사: (카드를 꺼내며) "두산이가 좋아하는 거야."라고 반응한다.

아 동: 보드게임 카드를 들고 놀이한다.
(자신이 원하는 보드게임을 발견한 후, 던지는 행동을 멈춘다.)

STEP 4 행동 분석하기

관찰 행동(B)과 행동 후 반응 결과(C) 그리고 선행 상황(A) 간 연합관계를 분석한다.

항목		내용
환경 맥락 분석	선행 상황(A)	(중재를 위해 입실한다.) 중재사: 모와 중재사가 이야기를 나누기 위해, '○○아, 엄마랑 선생님이랑 먼저 이야기 좀 할게, ○○이 좀 놀아.' 아동에게 안내가 이뤄지고 모와 이야기를 나눈다. 아동: 별 대답 없이 아동은 놀이실을 돌다가 책장 위에 있는 보드게임을 쳐다본다. 중재사: 아동의 시선을 따라가지만, 어머니와 계속 이야기를 나누었다. 아동: 주변에 있던 스펀지 계단을 즐거운 표정으로 끌고 온다. 중재사: 즐거운 표정으로 아동의 행동을 바라본다. 아동: 스펀지 계단을 보드게임이 있는 곳 앞에 놓고 올라간다.
	관찰 행동(B)	첫 번째 손에 닿은 보드게임을 잠시 쳐다보다가 던진다.
	반응 결과(C)	엄마: 아동의 뒤쪽에 앉아 있던 모는 놀란 눈으로 아동의 행동을 쳐다본다. 아무 말 하지 않는다. 중재사: 중재사는 모와의 이야기를 중단하고 아동의 옆에서 무반응으로 서 있는다. 아동: 아동은 모나 중재사의 반응을 전혀 인식하지 않는다. 두 번째 보드게임을 들고, 바닥을 힐끗 쳐다보며 던진다. '쿵' 소리를 내며 보드게임이 쏟아지며 떨어진다. 아동은 무표정하다. 중재사: 아동의 반응에 무반응하며, 옆에 서 있는다. 아동: 세 번째 보드게임을 들고, 바닥을 쳐다보며 힘껏 던진다. 보드게임이 부서지듯 큰 소리를 내며 바닥에 떨어지는 것을 미소 지으며 쳐다본다. 중재사: 아무 반응하지 않고, 무관심하게 옆에 있는다. 아동: 네 번째 보드게임을 잡고 웃으며, 보드게임 통을 흔들며 계단을 뛰듯이 내려온다. 중재사: 아동을 따라 웃으며, 함께 내려오듯 반응해 준다. 아동: 바닥에 보드게임을 던지듯이 놓고, 게임 속 카드를 꺼낸다. 중재사: 아동을 따라 카드를 꺼내며 아동의 방식대로 놀이한다.

		아동: 자기가 원하는 카드를 꺼내 들어 놀이한다. 더 이상 던지는 행동은 나타나지 않고 자신이 좋아하는 카드를 골라내며 놀이한다. 교사: 아동의 놀이에 반응하며 놀이한다.
행동의 기능적 분석	반응의 효과	관심 끌기, 자기자극, 자기조절 결여
	행동의 원인	장난감을 던짐으로써 어머니와 중재사의 대화를 중단시키고 아동에게 집중하게 된다. 어머니와 중재사가 이야기하지 않고 자기와 놀아 주길 바라지만 요구표현에 대한 적절한 방법을 사용한 경험이 부족하다. 장난감이 떨어지면서 내는 소리자극을 즐기고, 연령에 비해 충동적이고 자기조절 능력이 부족하다.
반응적 훈육 계획	목표	요구표현 방법을 이해하고 자기조절력 기르기
	예방 전략	아동이 좋아하는 장난감을 아동의 손이 닿는 낮은 곳으로 배치한다. 아동의 현재 수행을 수용하며 신뢰관계를 형성한다.
	반응 전략	문제 행동에 대한 관심 반응을 제거한다. 행동 범위를 설정한다('물건을 던지지 않는다', 도움이 필요할 때 '도와주세요'라고 말하도록 한다) 일상에서 자주 긍정반응하며 관심을 확인한다.

STEP 5 반응적 훈육 계획하기

1) 바람직하지 않은 관심 반응 제거하기(C)

선행 상황 (Antecedent)	행동 (Behavior)	반응 결과 (Response)
높은 곳에 있는 장난감을 꺼내기 위해, 스펀지 블록 위에 올라간다.	물건을 던진다.	무반응, 무관심한다. (아동이 잠잠해질 때, 다른 행동과 관심으로 전환한다.)

2) 바람직한 환경 조성하기(A)

선행 상황 (Antecedent)	행동 (Behavior)	반응 결과 (Response)
이전: 아동이 좋아하는 장난감이 책장의 높은 곳에 위치해 있다. ↓ 조정 1: 아동이 좋아하는 장난감을 아동의 손이 닿기 쉬운 낮은 곳으로 배치한다. 조정 2: 올라갈 수 있는 스펀지 블록 계단을 치워 환경을 재조정한다. 조정 3: 소리 나지 않는 매트를 깔아 환경을 재조정한다.	장난감을 꺼낸다.	"꺼냈어~"라고 말하며 아동의 놀이에 즉각적으로 반응한다.

3) 일상에서 자주 긍정반응하기(A)

선행 상황 (Antecedent)	행동 (Behavior)	반응 결과 (Response)
아침에 일어나서 방에서 나올 때	엄마의 눈을 쳐다본다.	눈을 맞추며, 웃으면서 인사한다. '~○○이 일어났네'
유치원에 다녀와서	양말통에 넣는다.	눈을 맞추며, "빨래통에 넣었네." 반응한다.
좋아하는 책을 엄마와 함께 읽었다.	다른 책을 가지러 가면서 읽었던 책을 책꽂이에 꽂는다.	"다 읽은 책은 책장에 꽂았네." 라고 지지하며 반응한다.
블록놀이를 하는데 동생이 다가온다.	동생에게 블록 하나를 준다.	"동생한테 블록 줬어~"라고 반응한다.

4) 행동 범위 설정하기(A)

선행 상황 (Antecedent)	행동 (Behavior)	반응 결과 (Response)
행동 범위 설정: 장난감을 던지지 않고 꺼낸다. ⬇ 적용: 아동과 눈을 맞추며 "장난감을 꺼낼 때, 던지지 않고 꺼내자."라고 주지하며 말한다. 아동의 대답이 없을 때, 중재사는 몇 초 아동의 눈을 응시한다. 아동은 놀이실에 입실한다.	아동은 놀이실에서 (던지지 않고) 장난감을 꺼낸다.	'OO이 장난감 꺼냈네' 반응하며, 아동의 놀이에 즐겁게 참여한다.

STEP 6 일상 적용 피드백 나누기

일상에서 아동 행동을 관찰하고 반응적 훈육 계획의 적용 상황을 기술한다.

1) 일상 적용 기록하기

언제/어디서 행동이 관찰되었는가?	관찰 날짜: 2025년 5월 20일 관찰 시간: 4시 30분 관찰 장소: ○○○발달센터 관찰 행동: 장난감을 꺼낼 때 던진다.
행동 전 상황은 어떠했는가?	아동이 좋아하는 보드게임을 아동의 손이 닿을 수 있는 아래쪽으로 배치하였다. 아동이 올라갈 수 있는 스펀지 블록을 치웠다.
어떻게 반응하였는가?	아동이 선택한 보드게임에 관심 보이며, 아동의 놀이에 반응하며 놀이하였다.
아이의 반응은 어떠했는가?	던지지 않고 보드게임을 꺼냈다.
어떻게 상호작용했는가?	중재사와 모가 이야기하는 동안 보드게임을 던지지 않고, 꺼내서 들고 오는 모습이 보였다. 아동의 긍정적인 행동변화에 중재자와 모가 서로 쳐다보며 웃었다. 중재사가 "두산이 보드게임 꺼냈네." 하며 반응해 주었다. 아동은 장난감을 천천히 들고 꺼내다가 중재사를 쳐다보며 이전보다는 약하게 던지듯이 놓았다. 아동의 반응에 다시 무반응하였다. 던지는 행동이 더 이상 나타나지는 않았다.

2) 적용 피드백 나누기

항목	내용
긍정적 변화 (행동, 감정 등)	아동은 높은 곳에 있는 장난감을 꺼낼 때, 던지면서 나는 소리를 즐기며 조절되지 않은 행동과 흥분된 감정을 보였다. 환경조정 이후, 자신이 원하는 장난감을 쉽게 꺼내며 흥분되는 것이 줄었으며, 던지지 않으면서 행동도 조절되는 것 같다.
어려움 또는 조정이 필요한 점	환경조정데 대한 즉각적인 피드백을 확인했지만, 행동 범위를 설정하고 주지하기를 통한 자기조절의 연습은 필요할 것 같다.
교사/부모의 소감	아동의 부적응 행동에 무반응하고 긍정으로 피드백한다고 생각했다. 행동이 이뤄지는 순간에는 아동의 행동원인이 빨리 인식되지 않았는데, 비디오 촬영을 통해 다시 노기를 할 때, 아동의 욕구나 전후 반응들이 잘 이해되었다. 일상에서의 민감한 관찰과 반응이 중요함을 다시 한번 깨달았다.
이후 계획	'행동 범우 정하고 정확하게 주지하기'를 통한 반응적 훈육을 계획하였고, 일상에서 긍정반응을 통해 신뢰관계를 형성하고, 이에 기반하여 자기조절을 키우도록 계속 유지해야겠다.

반응적 훈육 적용 사례 5

아빠와의 놀이에 짜증을 내는 아동

STEP 1 배경정보 기술하기

아동과 가족의 기본정보 및 배경 특성을 기록한다.

항목	내용
아동 이름	우강산
생년월일/연령	2022. 6. 1. / 32개월
성별	남아
관찰 기간	6개월
관찰환경 (가정/어린이집 등)	발달센터 치료실
가족환경 (가족관계, 부모 양육 특이 사항 등)	부: 최근 해외 출장이 자주 있어서 아동과는 주말에 1~2시간 정도만 함께 보내고 있고 평일에는 보통 오전 8시에 출근, 오후 8~10시에 퇴근해서 30분 정도 아동과 놀이시간을 갖고 일을 하다가 수면한다. 모: 오전 7시 30분에 기상, 아동을 11시쯤에 등원시키고 집안일하고, 오후 3~4시경 하원 후 오후 6시까지 아동과 놀이하고, 간식 먹고 저녁 식사 후 수면한다.
아동의 발달특성 (행동 유형, 기질, 인지 의사소통 등)	– 치료사 보고 ① 감정변화가 심하다. ② 까다로운 기질이다. ③ 언어 및 인지 수준이 보통이다. ④ 의사소통이 빠른 편이다. – 부모 보고 ① 일상 중에 모가 화장실에 가려고 하면 따라다닌다. ② 일상 중에 엄마가 말을 하면 반대로 말한다(예: '가자'라고 하면 '안 가자' 등). ③ 마음에 들지 않으면 큰 소리를 지르면서 놀잇감을 던진다. ➡ 부모의 양육방식: 놀잇감을 던지면 '왜 던져?, 위험해, 다쳐, 자꾸 그러면 버린다' 등 설명하고 협박하고 강압적으로 대처하는 편이다.

– 어린이집 보고:

① 매일 아침 등원 시 울면서 거부한다.

② 어린이집에서 놀다가 선생님 옆에 친구가 있으면 가서 꼬집고 때리며 질투를 한다.

③ 친구, 선생님, 부모의 행동이 마음에 들지 않으면 갑자기 소리 지르고 던지고 엎어 버리는 행동을 하고 친구, 선생님, 자신의 머리를 때리는 행동을 한다.

④ 어린이집에서 친구들이 놀고 있으면 가까이 가서 아무 이유 없이 꼬집고 때린다.

참고자료 (발달검사 결과)

1) K-CDI 아동발달검사

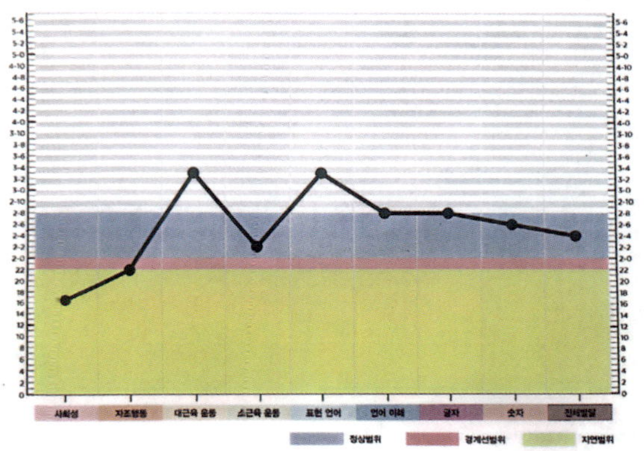

척도	사회성	자조 행동	대근육 운동	소근육 운동	표현 언어	언어 이해	글자	숫자	전체 발달
연령	16.5	22	3-3	2-2	3-3	2-8	2-8	2-6	2-4
범위	지연	지연	정상	정상	정상	정상	정상	정상	정상

2) K-TABS 영유아기질 및 비전형 행동척도 검사결과

요인	고립행동	과민감성	과활동성	저반응성	자기조절	TRI 지표
수준	정상	잠재위험	비전형	정상	정상	잠재위험

아동발달검사결과 전체발달과 전반적 발달은 정상범주이지만, K-CDI의 사회성 발달과 K-TABS의 TRI(기질 및 자기조절지표) 점수와 결과를 볼 때 아동은 과활동적이고 주의가 산만하고 감정과 행동 조절이 어려워 또래와의 사회적 관계에도 어려움이 있을 것으로 보인다.

STEP 2 행동 규명하기

1) 일상을 방해하는 행동은 무엇인가? (구체적으로 기술)

- 아빠와 놀이 중 아빠가 요구하고 놀이방법을 이야기해 주려 할 때 아동은 놀잇감을 던지며 짜증을 낸다.

2) 관찰 행동 규명하기 (단순행동으로 기술)

- 놀잇감을 던진다.

3) 문제 행동으로 정의할 것인가? 반응적 훈육 기준에 부합하는가?

- 현재 행동은 아동의 안전을 해치는가? (예☑, 아니요□)

  자동차와 같은 플라스틱 재질의 놀잇감은 깨져서 파편이 튈 수도 있고 그것으로 아동과 주변 사람들이 다칠 수 있다.

- 가족 · 사회의 규칙에 벗어나는 행동인가? (예☑, 아니요□)

  딱딱한 물건을 던지는 행동은 나와 타인을 다치게 할 수 있어서 가정에서는 금지하고 있고 언어로 표현하도록 하고 있다.

- 발달수준에 적합한가? (예☑, 아니요□)

  아동은 현재 생활연령은 2세 8개월이지만 발달수준은 K-CDI 아동발달검사에서는 사회성 16.5개월, 발달레인보우[1]목록에서는 사회정서발달은 12~18개월 수준이다. 따라서 아동이 나타내는 행동을 발달수준에서 보면 이해할 만한 수준이다.

➡ 분석:

아동은 충동적으로 행동하고, 행동의 규칙을 인식하거나 이해하지 못한다. 아동의 행동은 안전 면에서 수정이 필요하지만 발달수준에 맞추어 이해하고 그에 적합한 행동 범위설정과 환경설정이 필요하겠다.

---

1) 발달레인보우 연령별 영유아발달프로파일(Gerald Mahoney, Frida Mahoney 공저, 김정미 역, 2010, 학지사): 영유아기 인지, 언어/의사소통, 사회/정서, 운동, 적응 영역의 발달을 연령별 11단계로 세분화하여 목록화한 발달프로파일을 제시한다.

STEP 3 행동 관찰하기

일상 중 관찰 행동이 일어나는 상황을 관찰하고(약 10분) 전체 상황 맥락을 구체적으로 기술한다.

아동은 치료실에 들어오자마자 타워 주차장 놀이를 한다.

부: 아동과 함께 타워 주차장 놀이를 하다가 옆에 있는 별 모양판을 아동에게 보이면서 모양을 맞추며 "이거 봐봐, 이거 맞춰 볼까?"라고 반복하며 제안한다.

아동: 부를 보지 않고 말없이 타워 주차장에 자동차를 올리고 내리기를 하다가 **자동차를 빈 공간에 던진다.**

부: 부는 아동에게 다가가, "알았어. 강산, 미끄럼틀 할 거야? 미끄럼틀? 아빠는 어떤 빵빵 할까? 빨간 빵빵? 아빠 거 찾아 줘."라고 한다.

아동: "이거 해."

부: "이거 해? 아빠한테 진짜 멋있는 거 골라 줬네."

아동: 부에게 자동차를 골라서 주고 타워 주차장 앞으로 다시 돌아온다.

부: "강산이는 벤츠네. 하얀색 벤츠. 아빠는 소방차. 빨간 소방차, 준비하고 있을게. 내려가면 강산이가 잡아 줘." "붕~ 내려간다."

아동: "아니, 내려오지 마."

STEP 4 행동 분석하기

관찰 행동(B)과 행동 후 반응 결과(C) 그리고 선행 상황(A) 간 연합관계를 분석한다.

항목		내용
환경 맥락 분석	선행 상황(A)	아동과 부가 함께 타워 주차장 놀이를 하다가 부가 옆에 있는 블록판을 맞추며 "이거 해 볼까?"라고 제안한다.
	관찰 행동(B)	타워 주차장에서 놀이하던 자동차를 던진다.
	반응 결과(C)	부가 "미끄럼틀 할 거야? 아빠는 어떤 빵빵할까? 빨간 빵빵? 아빠 거 찾아 줘."라고 반복하자 아동이 "이거 해."라고 하면서 타워주차장 놀이를 계속한다. 부가 '이거 해? 아빠 멋있는 거 골라 줬네."라고 하며 제자리로 돌아온다.
행동의 기능적 분석	반응의 효과	회피하기, 자기조절 결여 던지는 행동을 할 때, 부는 자신의 제안을 철회하였다.
	행동의 원인	부가 아동의 흥미 있는 놀이를 방해할 때 던지는 행동으로 부의 행동을 멈추게 한다.
반응적 훈육 계획	목표	주도성과 자기조절력 지원하기
	예방 전략	아동이 선택한 놀이 방식대로 반응하기 발달에 적합한 환경(A) 조성하기 아동의 현재 흥미와 관심 살피기 평소 신뢰관계 형성하기(따뜻하고 일관적으로 대하기)
	반응 전략	일상에서 자주 긍정반응하기(하루 다섯 번 긍정반응하기) 긍정적 피드백 기회를 늘리기(의미 있고 가치 있게 대하기) 아동의 능력 범위 안에서 선택할 기회를 주며 기다리기(아동이 할 수 있는 대안 주기) 바람직한 환경 조성하기(예: 던져 넘어진 자동차를 사고 났다고 하며 다음 놀이로 전환하기)

STEP 5 반응적 훈육 계획하기

1) 바람직하지 않은 관심 반응 제거하기(C)

선행 상황 (Antecedent)	행동 (Behavior)	반응 결과 (Response)
아동과 부가 함께 타워 주차장 놀이를 하다가 부가 옆에 있는 퍼즐 블록판을 맞추며 "이거 해볼까?"라고 한다.	아동은 타워 주차장에서 놀이하던 자동차를 던진다.	반응하지 않는다.

2) 바람직한 환경 조성하기(A)

선행 상황 (Antecedent)	행동 (Behavior)	반응 결과 (Response)
이전: 다른 놀이로 전환하기 ⬇ 조정: 타워 주차장 놀이를 할 때 아빠는 아동이 하는 것을 관찰한다.	아동이 타워 주차장에서 자동차를 올리며 "아빠도 해."라고 한다.	같이 따라 올린다.

3) 일상에서 자주 긍정반응하기(A)

선행 상황 (Antecedent)	행동 (Behavior)	반응 결과 (Response)
아동이 타워 주차장 놀이할 때	아동은 자동차를 들어 "아빠 여기 자동차."라고 말을 건넸다. 미끄럼틀에 자동차를 올린다. "아빠 엘리베이터 올라가."	"아~ 자동차." "자동차가 미끄럼틀에 올라가." "알았어. 웅~ 올라간다."
아동이 놀이할 때, 아동의 눈을 따라가며 아동의 행동을 관찰한다.	아동이 아빠를 쳐다본다.	미소 지으며 끄덕여 준다.
거실에서	아동은 자동차를 가져온다.	'○○이 자동차 가지고 왔어.'
아동이 자동차를 굴리며 놀이할 때 함께 거울처럼 따라 반응한다.	아동은 아빠의 행동을 보면서 계속 자동차를 굴리며 자동차 길을 따라 이동한다.	아동의 행동을 반복해서 따라간다.
복도에서 아동이 한쪽 발을 들고 뛰면서 웃을 때, 한쪽 발을 들고 웃으며 뒤를 따라간다.	아동은 뒤를 슬쩍 보면서 양발 뛰기를 하면서 변화를 준다.	똑같이 따라 하며 웃는다.

4) 행동 범위 설정하기(A)

선행 상황 (Antecedent)	행동 (Behavior)	반응 결과 (Response)
행동 범위 설정: 규범을 어기는(위험한) 것이 무엇인지, 어떻게 행동하는 것이 바람직한지에 대해서 사전에 제한설정을 한다. ⬇ 적용: 놀이를 하기 전에 "마음대로 되지 않거나 마음에 들지 않는다고 놀잇감을 던지면 안 되고, 말로 표현하는 거야."라고 설명해 준다. 아동의 눈을 쳐다보면서 "안 되니까 화나~ 도와주세요라고 말하는 거야."라고 한다.	아동은 자동차 놀이를 한다.	아빠는 아동과 자동차 놀이를 함께 한다.

STEP 6 일상 적용 피드백 나누기

일상에서 아동 행동을 관찰하고 반응적 훈육 계획의 적용 상황을 기술한다.

1) 일상 적용 기록하기

언제/어디서 행동이 관찰되었는가?	관찰 날짜: 2025. 5. 3. 관찰 시간: 오전 9시 관찰 장소: 거실에서 관찰 행동: 떼쓰는 행동
행동 전 상황은 어떠했는가?	아이가 아츰에 일어나자마자 엄마에게 하얀 자동차로 같이 놀이를 하자고 한다. 엄마가 아침 준비를 해야 한다고 말하자 반대로 말하기 등 자신이 화난 것에 대해 표현하며 안아 달라고 반복해서 떼를 쓰며 칭얼거린다.
어떻게 반응하였는가?	엄마가 아기를 안아주고 등을 토닥토닥하고 "놀고 싶구나." "속상하구나."라고 반응해 주며, "밥 먹고 고양이 카페에 갈까? 노란 키즈카페에 갈까?" 하며 아이에게 선택하게 한다.
아이의 반응은 어떠했는가?	아이가 고양이 카페에 가고 싶다고 하고 배 고파서 밥 먹는다고 한다. 다이소에 가서 장난감을 사서 고양이 카페에 가자고 이야기하면서 당장 같이 안 놀아 주는 상황에 대해 지연하여 기다리며 더 이상 떼쓰지 않고 엄마가 외출 준비하는 동안 혼자서 논다.
어떻게 상호작용했는가?	엄마는 혼자 노는 아동에게 다가가 "주차타워 놀이 하고 있어~."라고 반응해 주고 외출 준비를 하였다.

2) 적용 피드백 나누기

항목	내용
긍정적 변화 (관찰 행동, 감정 등)	모는 아동의 행동을 발달수준으로 이해하고 긍정적으로 반응하였다. (A) 모는 문제 행동 다음의 대안 행동을 아동이 선택하도록 기다려 주고 아동의 선택을 따라 주었다. (C) 아동은 모의 대안을 수용하고 선택하며 스스로 행동을 조절하며 기다린다. (B)
어려움 또는 조정이 필요한 점	모는 아동의 욕구를 충분히 인정하지 않고 대안을 주면서 빨리 전환하려고 한 것 같다. 아동의 표현을 더 의미 있고 가치 있게 생각하고 욕구를 관찰하며 민감성 향상이 필요하였다. 모는 아동의 문제 행동을 인식할 때 불안하고 당황하는 마음이 들어서 심리적 안정을 지속하기가 어려웠다.
교사/부모의 소감	치료사 느낌: 모가 아동이 하는 반복적인 부정적 행동에 대해서 평가하려고 하지 않고 긍정적으로 반응을 하면서 기다리는 등 문제 행동이 줄어드는 모습에서 아동의 발달수준으로 인식하며 노력한 부분이 느껴졌고 부모의 반응이 아이의 행동 변화에 중요한 영향을 미치는 것을 다시 깨달았다. 엄마 느낌: 아이가 안 놀아 주는 상황을 잊은 건지 괜찮은 건지 나갈 준비하는 동안에 혼자서 잘 놀고 기다려 주는 것이 신기했다.
이후 계획	아동과 부모의 반응성 상호작용 중재(RT)가 더 필요하겠다. 모의 감정조절을 위해 반응성 상호작용 중재(RT)를 통한 양육 코칭이 병행되어야겠다.

참고문헌

곽금주(2018). 발달심리학. 학지사.

김정미(1994). A-B-C모형에 기초한 행동수정자로서의 부모훈련 효과. 중앙대학교 대학원 석사학위 청구논문.

김정미(2021). K-CDI아동발달검사(개정판). 인싸이트.

김정미 역(2021). RT반응성교수 교육과정. 학지사.

류관열(2014). 부모양육태도와 유아의 자아탄력성이 유아문제 행동에 미치는 영향. 한국아동교육학회 아동교육, 23(3), 289-298.

박주연, 윤명강(2019). 정서 부적응 행동 유아를 대상으로 한 정서지능 향상집단미술치료프로그램효과 연구. 정서행동장애연구, 35(4), 189-208.

손소이, 최예린(2015). 자폐범주성장애아동의 도전행동(Challenging Behavior)예측변인 탐색연구. 정서 · 행동장애연구, 31(2), 303-320.

이소현, 박은혜(2024). 특수아동교육(제4판). 학지사.

이찬숙, 이채호(2009). 아동의 자극 선호도에 따른 행동 양상. 아동학회지, 30(3), 1-18.

이철(2018). 발달장애 아동청소년의 문제 행동치료 가이드라인복지부. 국립정신건강센터.

정병종, 문장원(2019). 도전행동에 대한 기능사정과 지원방안 고찰. 정서 · 행동장애연구, 35(3), 267-287.

홍준표(2009). 응용행동분석. 학지사.

Achenbach, T. M. (1991). Manual for the Child Behavior Checklist/4-18 and 1991 profile. Burlington, VT: University of Vermont, Department of Psychiatry.

Achenbach, T. M., & Edelbrock, C. S. (1991). *Manual for the Child Behavior Checklist and 1991 profile* (4-18 years). Department of Psychiatry, University of Vermont.

Achenbach, T. M., & Rescorla, L. A. (2001). *Child behavior checklist for ages 6-18* (pp. 6-1). Burlington, VT: University of Vermont.

American Psychiatric Association. (2013). *Diagnostic and statistical manual of mental disorders* (5th ed.). American Psychiatric Publishing.

Ayres, A. J. (1972). Improving academic scores through sensory integration. *Journal of Learning Disabilities*, *5*(6), 338-343.

Barkley, R. A. (2011). *Executive functions: What they are, how they work, and why they evolved.* Guilford Press.

Baldwin, J. D., & Baldwin, J. I. (1981). *Behavior Principles in Everyday Life* (3rd ed.). Prentice Hall.

Baumrind, D. (1971). Current patterns of parental authority. *Developmental Psychology Monograph, 4*(1, Pt. 2), 1-103.

Berk, L. E. (2013). *Development through the lifespan* (6th ed.). Pearson.

Bowlby, J. (1963). Pathological mourning and childhood mourning. *Journal of the American Psychoanalytic Association, 11*(3), 500-541. https://doi.org/10.1177/000306516301100304

Bruininks, R. H., Woodcock, R. W., Weatherman, R. F., & Hill, B. K. (1996). *Scales of Independent Behavior-Revised Comprehensive Manual*. Itasca, IL: Riverside Publishing.

Cole, P. M., & Hall, S. E. (2008). Emotion dysregulation as a risk factor for psychopathology. In T. P. Beauchaine & S. P. Hinshaw (Eds.), *Child and adolescent psychopathology* (pp. 265-298). Hoboken, NJ: Wiley.

Cooper, J. O., Heron, T. E., & Heward, W. L. (2020). *Applied Behavior Analysis* (3rd ed.). Pearson.

Dagne, G. A., & Snyder, J. (2011). Relationship of maternal negative moods to child emotion regulation during family interaction. *Development and Psychopathology, 23,* 211-223.

Deater-Deckard, K., & Dodge, K. A. (1997). Externalizing behavior problems and discipline revisited: Nonlinear effects and variation by culture, context, and gender. *Psychological Inquiry, 8,* 161-175.

Deater-Deckard, K., & Dodge, K. A. (1997). Externalizing behavior problems and discipline revisited: Nonlinear effects and variation by culture, context, and gender. *Psychological Inquiry, 8*(3), 161-175. https://doi.org/10.1207/s15327965pli0803_1

Denham, S. A. (2006). Social-emotional competence as support for school readiness: What is it and how do we assess it? *Early Education and Development, 17*(1), 57-89. https://doi.org/10.1207/s15566935eed1701_4

Dunn, W. (1999). *Sensory Profile*. San Antonio, TX: The Psychological Corporation.

Durbin, C. E., & Shafir, D. M. (2008). Emotion regulation and risk for depression. In J. R. Z. Abela & B. L. Hankin (Eds.), *Handbook of depression in children and adolescents* (pp. 149-176). New York: Guilford Press.

Emerson, E., & Einfeld, S. L. (2011). *Challenging behaviour.* Cambridge, UK; New York. https://www.riss.kr/link?id=M12454216

Frimpong, O. S., & Gyapong, M. (2021).Children's problem behaviour and their effect on class activities in early childhood centres of Effutu Municipality. *European Journal of Humanities and Social Sciences, 1*(1), 1-9. https://doi.org/10.24018/ejsocial.2021.1.1.6

Gur, A. (2016). Challenging behavior, functioning difficulties, and quality of life of adults with intellectual disabilities. *International Journal of Developmental Disabilities, 64*(1), 45-52. https://doi.org/10.1080/20473869.2016.1221233

Hanley, G. P., Iwata, B. A., & McCord, D. M. (2003). Functional analysis of problem behavior: A review. *Journal of Applied Behavior Analysis, 36*(2), 147-185.

Kaiser, B., & Rasminsky, J. S. (2003). *Challenging behavior in young children: Understanding, preventing, and responding effectively*. Boston: Allyn and Bacon. https://www.riss.kr/link?id=M8682772

Kochanska, G. (1998). Children's emerging regulation of conduct: Restraint, compliance, and internalization from infancy to the second year. *Child Development, 69*(5), 1378-1389. https://doi.org/10.1111/j.1467-8624.1998.tb06218.x

Kochanska, G., & Knaack, A. (2003). Effortful control as a personality characteristic of young children: Antecedents, correlates, and consequences. *Journal of Personality, 71*(6), 1087-1112. https://doi.org/10.1111/1467-6494.7106008

Kochanska, G., Koenig, J. L., Barry, R. A., Kim, S., & Yoon, J. E. (2010). Children's conscience during toddler and preschool years, moral self, and a competent, adaptive developmental trajectory. *Developmental Psychology, 46*(5), 1320-1332. https://doi.org/10.1037/a0020381

Ladd, G. W. (2005). *Children's peer relations and social competence: A century of progress*. Yale University Press.

Maccoby, E. E., & Martin, J. A. (1983). Socialization in the context of the family: Parent-child interaction. In P. H. Mussen (Ed.), *Handbook of child psychology: Vol. IV Socialization, personality, and social development* (4th ed., pp. 1-101). New York: Wiley.

MacLean, P. D. (1973). A triune concept of the brain and behavior. In T. J. Boag & D. Campbell (Eds.), *The healing brain* (pp. 1-28). Plenum Press.

Mahoney, G., & MacDonald, J. (2007). Responsive Teaching: Parent-Mediated Developmental Intervention. Pro-ed.

Mahoney, G., & Perales, F. (2019). *Responsive teaching: Relationship-based developmental intervention*. Lulu Publishing Services.

Malott, R. W., General. D. A., & Snapper. V.B. (1973). *Issues in the Analysis of Behavior*. Behaviordelia.

Martin, R. E., & Ochsner, K. N. (2016). The neuroscience of emotion regulation development: Implications for education. *Current Opinion in Behavioral Sciences, 10*, 142-148.

Mash, E. J., & Wolfe, D. A. (2019). *Abnormal child psychology* (7th ed.). Cengage Learning.

O'Neill, R. E., Horner, R. H., Albin, R. W., Storey, K., & Sprague, J. R. (1997). *Functional assessment and program development for problem behavior: A practical handbook* (2nd ed.). Brooks/Cole.

Perlman, S. B., & Pelphrey, K. A. (2011). Developing connections for affective regulation: Age-related changes in emotional brain connectivity. *Journal of Experimental Child Psychology, 108*(3), 607-620. https://doi.org/10.1016/j.jecp.2010.08.006

Pianta, R. C. (1999). *Enhancing relationships between children and teachers.* Washington, DC: American Psychological Association.

Rojahn, J., & Meier, L. J. (2009). Epidemiology of mental illness and maladaptive behavior in intellectual disabilities. *International Review of Research in Mental Retardation,* 239-287. https://doi.org/10.1016/s0074-7750(08)38009-4

Shanker, S. (2013). *Calm, alert and learning: Classroom strategies for self-regulation.* Pearson Canada.

Skinner, B, F. (1958). Teaching machines. *Science, 128,* 969-977.

Sussman, F. (1999). *More than words: Helping parents promote communication and social skills in children with autism spectrum disorder.* The Hanen Centre.

Swerdlow, B. A., Pearlstein, J. G., Sandel, D. B., Mauss, I. B., & Johnson, S. L. (2020). Maladaptive behavior and affect regulation: A functionalist perspective. *Emotion, 20*(1), 75-79. https://doi.org/10.1037/emo0000660

Thomas, A., & Chess, S. (1977). *Temperament and development.* Brunner/Mazel.

Van den Boom, D. C. (1995). Do first-year intervention effects endure? Follow-up during toddlerhood of a sample of Dutch irritable infants. *Child Development, 66*(6), 1798-1816. https://doi.org/10.2307/1131901

Vygotsky, L. S. (1978). *Mind in society: The development of higher psychological processes* (M. Cole, V. John-Steiner, S. Scribner, & E. Souberman, Eds. & Trans.). Harvard University Press.

Walker, H. M., Ramsey, E., & Gresham, F. M. (2004). *Antisocial behavior in school: Evidence-based practices* (2nd ed.). Wadsworth/Thomson Learning.

Zelazo, P. D., & Carlson, S. M. (2012). The development of executive function in early childhood. *Monographs of the Society for Research in Child Development, 77*(2), 1-151. https://doi.org/10.1111/j.1540-5834.2012.00657.x

Zimmerman, B. J. (2000). "Attaining self-regulation: A social cognitive perspective." In Boekaerts, Pintrich & Zeidner (Eds.), *Handbook of Self-Regulation* (pp. 13-39). San Diego, CA: Academic Press.

저자 소개

김정미(Kim Jeong Mee)

중앙대학교 대학원 심리학과 박사 졸업(발달심리학 전공)
미국 Case Western Reserve University, MSASS, postdoctoral Fellow
백석예술대학교 사회복지학부 영유아보육전공 조교수
(주)한솔교육 상무 / 한솔교육연구원 원장

현 한국RT센터 대표
한국RT협회 회장
한양대학교 대학원 아동심리치료학과 겸임교수
한국발달심리학회, 한국아동심리치료학회 이사
국제RTI전문가

〈주요 저 · 역서〉

김정미(2023). K-CDI infant 영아발달검사. 인싸이트.
김정미 편역(2023). RT 반응성 교수 실행 지침서. 학지사.
김정미(2022). K-TABS 한국판 영유아 기질 및 비전형 행동 척도(개정판). 인싸이트.
김정미, 제럴드 마호니(2021). K-MBRS & K-CBRS 부모-아동 상호작용 행동평가(개정판). 인싸이트.
김정미(2022). RT 부모교육: 부모-아동 반응성 상호작용 중심. 학지사.
김정미(2021). K-CDI 아동발달검사(개정판). 인싸이트.
김정미(2021). 놀이중심 반응성 상호작용 교수법 1: 이해편(2판). 학지사.
김정미(2021). 놀이중심 반응성 상호작용 교수법 2: 실제편. 학지사.
김정미 역(2021). RT 반응성 교수 교육과정(수정판). 학지사.
김정미(2019). CIBT 아동상호작용 검사. 인싸이트.
김정미(2018). PCT 부모양육특성 검사. 인싸이트.

자기조절력을 키우는 반응적 훈육
-부모와 교사를 위한 행동지도 가이드북-

A Responsive Teaching Approach to Discipline and Behavioral Support: A Guide for Parents and Teacher

2026년 1월 20일 1판 1쇄 인쇄
2026년 1월 30일 1판 1쇄 발행

지은이 • 김정미
펴낸이 • 김진환
펴낸곳 • ㈜학지사
04031 서울특별시 마포구 양화로 15길 20 마인드월드빌딩
대표전화 • 02-330-5114 팩스 • 02-324-2345
등록번호 • 제313-2006-000265호

홈페이지 • http://www.hakjisa.co.kr
인스타그램 • https://www.instagram.com/hakjisabook

ISBN 978-89-997-3602-5 93370

정가 18,000원

저자와의 협약으로 인지는 생략합니다.
파본은 구입처에서 교환해 드립니다.